AF346664

JOURNAL D'UN VOYAGEUR

JOURNAL D'UN VOYAGEUR

OU RECUEIL DE NOTES

PENDANT UN VOYAGE AUTOUR DU MONDE

MIS EN ORDRE

PAR

S. BERTHELOT

Ancien Secrétaire général de la Société de Géographie de Paris
Consul de France en retraite.

De ce beau pèlerinage
Que j'aime à m'entretenir!
Sur *sa* carte de voyage
Chaque point est un souvenir.
BARTHÉLEMY.

MARSEILLE

TYP. ET LITH. BARLATIER-FEISSAT PÈRE ET FILS

RUE VENTURE, 19

1879

PROLOGUE

Arthur Grasset, qui vint pour la première
fois aux îles Canaries en 1854 pour s'occuper
de recherches en histoire naturelle, m'avait
été recommandé par deux de mes meilleurs
amis, MM. A. Moquin-Tandon, de l'Institut,
et Barthélemy Lapommeraie, directeur du
Muséum et du Jardin Zoologique de Marseille. —
Barthélemy me disait dans sa lettre : «…Je
« vous livre mon jeune recommandé avec toute
« la confiance que j'ai en votre vieille amitié ;
« je suis certain qu'il aura à s'applaudir de
« cette présentation qui équivaut pour lui à une
« bonne fortune; je m'attends même à des remer-
« cîments des deux côtés : du vôtre pour la
« distraction attachante que je vous offre, du
« sien parce que je le remets aux soins de
« l'homme le plus… etc. » — Ce cher Barthélemy disait vrai et je l'avais remercié chaudement.

A. Grasset, alors âgé de 28 ans, était plein d'avenir ; il avait fait ses études à Paris et joignait à beaucoup d'esprit et à une solide instruction les connaissances les plus variées : il venait d'acquérir, pendant une longue circumnavigation accomplie depuis déjà trois ans, l'expérience des voyages et l'habitude de l'observation. Aussi la Société de Géographie de Paris s'empressa-t-elle de l'admettre au nombre de ses membres dès que je lui en fis la proposition.

La franchise avec laquelle Grasset me laissa, comme souvenir, les notes manuscrites de son voyage autour du monde, n'est pas le seul trait distinctif de son caractère. La lecture de ce recueil m'avait intéressé ; j'y avais trouvé les premières impressions du jeune voyageur qui presque toujours sont les meilleures ; ce n'était que de simples ébauches, de rapides esquisses la plupart du temps prises à la volée, mais attrayantes par leur originalité, frappantes, au même point de vue philosophique, par le jugement et la pénétration d'esprit dont elles étaient empreintes, aussi bien que par la naïveté avec laquelle il les avait écrites sans la moindre prétention. Maintenant que je relis ces pensées fugitives, fruits d'une imagination ardente, mais lucide, qui se montre de suite dans ses franches allures, j'éprouve encore un plaisir indicible en me rappelant nos entretiens intimes et les heureux moments que j'ai passés à écouter les mille incidents de ses pérégrinations.

En mettant en ordre ces observations pleines d'attraits, j'ai laissé à ce canevas sa forme de journal et n'ai rien changé aux annotations et aux remarques de l'auteur. Je les livre aujourd'hui à mes amis comme un passe-temps à la fois agréable et instructif.

JOURNAL DE VOYAGE

Parti du Havre sur le navire l'*Arche d'Alliance* pour une campagne de circumnavigation dont M. Cortambert donna quelques extraits dans le *Bulletin de la Société de Géographie*, A. Grasset débute dans son journal par des réflexions sur les émotions qu'il éprouve au moment de quitter la France :

« Nous avons trop de passagers à bord, dit-il, pour pouvoir jouir de cette tranquillité, de cette solitude si souvent nécessaire en face de ces deux immensités de la création, le ciel et l'eau. Involontairement on a plus besoin de se recueillir parce qu'on a plus d'émotions. Il n'y a pas huit jours que j'ai perdu de vue les côtes du Havre... le cœur saigne encore ! peut-être plus tard la variété des objets qui passeront devant mes yeux pourra voiler les ennuis de l'absence. »

En effet, un changement ne tarde guère à s'opérer dans la disposition d'esprit du voyageur :

« La mer, comme les cœurs, est un berceau mouvant,
Aux cœurs l'amour, aux mers le vent ! »

Telle est l'épigraphe qu'il inscrit en tête de son journal. Ses premiers moments ont été consacrés aux souvenirs du passé, aux regrets ; mais la nouvelle société qui l'entoure vient le distraire, et des observations critiques sur les passagers les plus excentriques font bientôt une heureuse diversion :

De mai en juillet.

En mer.

« Mon compagnon de cabine se livre peu ; jusqu'à présent je n'ai découvert en lui que des manières anglaises, des favoris anglais et peu de cheveux.

Portraits à la plume.

« H***, autre passager, n'est pas fait pour la vie intime, cette vie du bord, excellente école pour connaître les hommes, car on a tout le temps de les étudier. Il peut passer un instant pour un homme d'esprit, bien qu'il n'en ait pas beaucoup. Dans sa suffisance extrême, il a un certain aplomb, mais il ne saurait tromper longtemps. Il s'évertue à dire qu'il a fait deux ans de philosophie ; mais il manque de *sens supérieur*, le sens commun qui fait distinguer le vrai du faux et qui est aussi nécessaire à l'homme dans la vie que le bâton à l'aveugle pour se guider dans les chemins.

« Parmi les passagers de chambre, nous avons aussi deux époux de caractère opposé et que le destin a réunis dans la même cabine ; deux êtres faits pour s'accommoder ensemble comme le soleil et la lune, le couple qui donne au monde l'exemple du plus mauvais ménage, puisque

quand l'un se lève l'autre se couche. — La plus
grande peine qu'on inflige aux forçats est l'ac-
couplement, et, sous ce rapport, l'intérieur d'un
vaisseau ressemble parfois à un bagne.

« Et que dirai-je de cet autre couple qui laisse
sa cabine onverte... L'amour est un mystérieux
sanctuaire : entrez-y si vous voulez, mais fermez
la porte. »

Tous les portraits qu'il fait de ses compagnons de voyage sont des croquis à la
plume qu'il trace d'un trait ; quelques
hachures lui suffisent pour leur donner du
relief.

« Quant à cet ex-maître d'école, ajoute-t-il,
grand bœuf campagnard de cinq pieds sept
pouces, qui boit deux litres de vin par repas,
engloutit la part de trois, dort et ronfle comme
s'il grognait, je lui ai fait voir le tropique du
Capricorne dans la lunette du capitaine. »

Après l'aveu de cette joyeuse mystifica-
tion, notre voyageur poursuit son journal
et se montre partout non seulement homme
d'esprit, mais aussi homme de cœur. On
s'en aperçoit à chaque page :

19 juillet.
En face du cap Horn.

« Pourquoi chercher d'autres cieux quand on
peut être bien chez soi, quand une famille chérie
vous tend les bras !..... être si longtemps sans
voir la terre ! voici 95 jours que nous sommes en

mer et près d'un mois de mauvais temps, sans pouvoir sortir de cette chambre où vingt-cinq personnes mangent, dorment et pis encore......

28 juillet.
Toujours en mer.

« Valparaiso ! Valparaiso ! Quand viendras-tu avec ta belle végétation et tes femmes si gracieuses, dit-on ?

2 septembre.
Arrivée à Valparaiso.

« Valparaiso s'est montré enfin : sa belle végétation se réduit à quelques broussailles d'un triste aspect ; le paysage est aride et desséché, la ville est peu de chose, le costume de la population est ce qu'il y a de plus caractéristique.

« L'habillement des hommes consiste en une espèce de couverture bariolée avec un trou dans le milieu pour passer la tête. C'est le *Ponchon* ; l'étoffe en est tissée ordinairement avec la laine d'alpaga ou de guanaco. Il y en a de très riches et par conséquent de très chers. Ils se drapent là dedans comme des hidalgos et se couvrent la tête avec de grands chapeaux de paille dits de Panama, fabriqués à Guayaquil. Je n'ai jamais rien vu de plus fin, c'est comme un tissu de belle toile et on les lave comme des gants. Ces Chiliens portent en dessous du Poncho de larges pantalons serrés à la taille par une ceinture de cuir ; ils sont presque toujours à cheval et font des prodiges d'adresse. Leurs éperons ont des molettes qui sont parfois du diamètre d'une petite assiette ; aussi sont-ils obligés de marcher sur la pointe des pieds.

« Les femmes sont fort piquantes, petites, mais gracieuses, cambrées et bien faites en géné-

ral ; leurs cheveux et leurs yeux sont admirables.
Je parle des jeunes filles, car les vieilles femmes
sont tout aussi laides que chez nous. Pourquoi
donc des filles aussi gracieuses font-elles des
vieilles si rechignées ? — Ces charmantes Chi-
liennes divisent leurs beaux cheveux en deux
nattes à la manière des bergères suisses du bal
de l'opéra ; elles portent des robes beaucoup plus
décolletées qu'en France ; mais pour cacher ces
charmes, la pudeur a inventé le *Sobretodo*,
espèce de châle dans lequel elles se drapent avec
beaucoup de grâce comme les hommes dans leur
poncho. Leur coquetterie les rend encore plus
séduisantes avec la mantille espagnole, la plus
gentille et la plus poétique coiffure du monde. —
J'ai connu à Valparaiso une jeune fille, presque
une enfant, nommée Carmen, qui était ravissante. Aussi :

> « Vrai Dieu ! lorsque son œil pétille
> Sous la frange de ses réseaux,
> Rien que pour toucher sa mantille....
> De par tous les Saints de Castille,
> On se ferait rompre les os. »

12 septembre.

En mer.

Pour chasser les ennuis d'une longue
navigation, notre voyageur se laisse aller
tantôt à ses souvenirs, tantôt aux impres-
du moment. Je trouve dans son Journal
des réminiscences d'une jeunesse orageuse,
retracée avec abandon ; mais je ne violerai
pas le secret de ces confidences intimes. On
sait ce que c'est qu'un jeune étudiant livré

à lui-même dans cette Babel qu'on appelle Paris, ne rêvant que joies et festins ; vie excentriqne, entremêlée d'études sérieuses, de parties de plaisir et d'intrigues de femmes ; vie décolletée qui se passe au Château rouge, à la Chaumière, à Valentino, où un homme du caractère de Grasset ne pouvait se plaire. Du reste, chez le narrateur, les instincts généreux font vite retour et viennent chasser les folles pensées.

14 septembre.

En mer.

« Je voudrais redevenir soldat, écrit-il sous cette date ; je ne puis songer à cette existence sans voir tout en feu ; j'entends le canon qui gronde comme le tonnerre. Cependant toutes les fois que j'entends le tonnerre, involontairement, bien que je ne sois pas peureux, je songe à la mort et je tremble que Dieu ne choisisse ce moment pour m'appeler à lui ; puis d'un autre côté, j'aime le tonnerre, je trouve du charme à entendre cette grande voix de la nature qui parle plus haut que tous les hommes, et qui couvre le bruit du canon lui-même, ce tonnerre des armées. »

Passant ensuite à des sentiments plus calmes, il envie l'existence de l'homme simple, dépouillé d'ambition, vivant retiré dans sa famille, aimé et estimé de tous et jouissant du bien qu'il répand autour de lui :

« Il y a en moi de cet homme, dit-il, mais pour
vivre ainsi il faudrait une femme, femme d'esprit toutefois sans pédanterie, car je déteste les
bas-bleus. Je ne veux pas d'éducation à faire,
par conséquent point de petite fille la tête remplie de romans, se créant un idéal et prenant un
mari pour un héros. Je veux une bonne fille,
comprenant le côté prosaïque de la vie, sachant
que l'amour et l'eau claire sont fort agréables,
mais quand on a avec ça du bon vin et du rôti.
L'homme n'est pas fait pour conduire un ménage; il faut que la femme prenne sur lui une
influence relative et qu'elle fasse en sorte que
personne ne dise, *Madame porte culotte*, ce qui
rend toujours un mari excessivement ridicule, et
c'est aussi fâcheux pour l'un que pour l'autre. »

15 septembre.

En mer.

« Nous avons recoupé la ligne et nous avançons rapidement. Les nuits sont de toute beauté.
Oui, voilà bien ces nuits des tropiques si juste-
ment vantées. Le soir, sur le pont, quand le
calme et le silence commencent à se faire à bord,
qu'une jolie brise gonfle les voiles et se joue dans
les manœuvres, que le ciel, sans nuages, laisse
apercevoir à l'infini ces myriades d'étoiles qui le
parsèment comme les fleurs d'une prairie ; alors,
en face de ce magnifique spectacle, entre le ciel
et l'eau, sur mon âme ! on sent en dedans de soi
une puissante émotion et quelque chose qui vous
élève vers la divinité. »

16 septembre.

En mer.

« Ils me raillent, me plaisantent, parce que le
soir, sur la dunette du navire, je ne me mêle pas

à leurs discussions, parce que j'aime à me retirer dans ma cabine, et que là, seul dans le silence de la nuit, agenouillé sur un banc, les deux coudes appuyés sur l'embrasure du sabord, je contemple une grande et belle chose..... la mer ! Ce spectacle toujours sublime et imposant est devenu pour moi d'un attrait irrésistible. C'est une passion. Je ne puis définir ce que j'éprouve, mais je me laisse aller à tant de douces rêveries en regardant cette mer, tantôt calme et unie comme la surface d'un lac immense, tantôt remuée jusque dans ses profondeurs. Je pense alors à mon pays, à mon bon père, à ma famille, à tous les miens ; mon imagination se perd dans un tourbillon d'idées qui se succèdent, une pensée en chasse une autre, comme la vague emporte la vague.

« Que m'importe le bruit que l'on fait là haut? Qu'ai-je besoin de leurs distractions ? Le charme que j'éprouve à ma petite fenêtre vaut cent fois plus que leurs plaisirs ! »

Octobre et novembre
En Californie.

Notre voyageur ne dit rien de son séjour en Californie ; cette page de son journal est restée en blanc. J'ignore les motifs de cette lacune ; toutefois, il me semble en entrevoir quelques explications dans une note que j'ai lue plus bas :

« Je suis heureux de ce voyage ; j'en ai eu de l'émotion pendant quelques jours. Nous parlons encore de temps en temps d'*elle* avec mon ami

M., mais la mer est un admirable remède contre les maladies du cœur. Chaque flot que l'on laisse en garde une parcelle ; c'est plus ou moins long, mais on finit par guérir. . , . . »

J'ai trouvé aussi d'autres notes dans une autre partie de son calepin, qui ont trait à la Californie et rappellent d'anciennes connaissances. Elles se rapportent au mois de juillet 1852, lorsque Grasset était à Batavia :

« Hier, écrivait-il alors, est arrivé en rade le *Commerce de Bordeaux*, venant de Californie. J'ai revu P. que j'avais connu à San-Francisco. — Ce pauvre jeune homme est une triste victime de l'incendie du mois de juin de l'année passée. Surpris dans son magasin, dont il cherchait à sauver les marchandises, il fut tout-à-coup enveloppé par les flammes qu'il lui fallut franchir pour trouver une issue. Un comptoir en feu, qui lui barrait le passage, retarda sa fuite et ce ne fut qu'à grand peine qu'il put se tirer de cette fournaise horriblement brûlé. — Après neuf mois de souffrances, il a quitté la Californie dans un état des plus pitoyables. C'était auparavant un assez joli garçon ; aujourd'hui il est tout défiguré, la moitié de son visage n'offre plus qu'une hideuse cicatrice violette et toute couturée. C'est affreux. Il a en outre les mains racornies, les doigts repliés et comme crochus. Le pauvre diable restera probablement estropié toute sa vie. — Après m'avoir raconté son malheur, il m'a renseigné sur le sort des autres.

« D., qui avait fait bâtir, dans Stockholm-Street, un petit palais où il vivait en grand seigneur et donnait l'hospitalité aux actrices, a brûlé, comme on dit, la chandelle par les deux bouts. Un beau jour tout s'est vendu à l'encan, tout jusqu'aux matelas et aux brosses à dents. — Il paraît que dans l'incendie du mois de juin, le feu commença dans son salon par un punch flambant. Il s'empressa d'écrire dans les journaux de la localité, pour éviter tout soupçon malveillant, qu'il ne faisait jamais de feu chez lui. Si le fait, dont on l'accusait tout bas, eut été prouvé, il aurait bien pu passer de l'orgie à la potence. — Ceci me rappelle que quand le comité de surveillance de San-Francisco pendait quelqu'un, et c'était souvent mérité, on vendait la corde à une piastre le pouce. Pourtant cela ne paraît pas avoir porté bonheur à bien des gens ; exemple :

« A. que j'avais connu millionnaire, tient tables de jeux ;

« B. s'est fait marchand de légumes.

« C. chante dans les cafés.

« E. est revenu des mines pour rentrer au théâtre. Il gagne maintenant cinquante piastres par représentation. C'est assez pour vivre, mais pas assez pour s'enrichir. »

Il y avait ainsi, dans les notes en question, tout un alphabet de citations ; beaucoup d'anciennes connaissances avaient fini par se ruiner dans le pays de l'or ; l'aveugle fortune n'avait favorisé que quelques autres, qui avaient fait naufrage à leur retour en Europe sur un navire qui périt corps et biens.

11 décembre.

De San-Francisco aux Sandwich.

« Nous portons à Honoloulou un bien digne homme, le père Stanislas, missionnaire des Picpus. Il ne compte que quarante ans, mais on lui en donnerait bien soixante-cinq. Il s'en retourne aux Sandwich où il a déjà passé huit années. La bonté la plus touchante est empreinte sur ses traits. Ce saint homme est d'une naïveté de langage et d'une simplicité de mœurs qui enchantent. La mer est son épouvantail. A la moindre bourrasque, il nous demande avec angoisse si nous n'allons pas sombrer ; et pourtant ce même homme, qui redoute tant d'être un peu balloté sur un navire très-solide, a chaviré plusieurs fois en pirogue à plusieurs milles de terre pour aller remplir les devoirs de sa mission. Il nous a montré au *Pali* (précipice d'Hawaï) les chemins qu'il prenait sur les flancs de cet abime effroyable pour aller évangéliser ses enfants, comme il appelle ses néophytes, et certes, aucun de nous ne s'y serait engagé sans recommander dix fois son âme à Dieu. Lorsqu'il nous raconte avec tant de simplicité et de bonhommie ses courses périlleuses, ses misères, ses joies et ses tribulations, nous avons à la fois envie de rire et de pleurer.

« Nous avons aussi à bord, pour faire contraste à la bonne figure du P. Stanislas, un individu de moralité fort suspecte, qui n'a, dit-il, que les habits qu'on lui voit sur le dos, et quels habits ! Il ferait mieux de se draper dans sa vertu, comme

M. Dupin. — Il a eu l'indiscrétion, je dirai presque l'impudence, de me demander un soir sur le
pont, si j'avais beaucoup de chemises, mais cela
brusquement, effrontément, à brûle pour point,
comme on demande la bourse ou la vie.

« Il y a encore avec nous un jeune hollandais
qui porte quatorze lettres dans son nom, mais
qui ne peut en trouver jamais que treize, en
l'écrivant. »

1er février 1851.
Iles Sandwich.
Hawaï.

Ici commence la partie descriptive du voyage :

« Nous voilà arrivés; nous sommes à Honoloulou, capitale des îles Sandwich ou Hawaï
dans la langue des naturels. C'est la résidence du
roi Tameahmeah III. Je savais qu'Honoloulou
était une ville déjà civilisée avec des maisons
faites comme les nôtres et dont les habitants
étaient habillés. Aussi, je ne comptais pas trouver
des sauvages, mais y admirer dans tout son luxe
la belle végétation des tropiques. Je me réjouis-
sais déjà à la pensée de me reposer sous des
arbres immenses, au feuillage sombre et laissant
à peine pénétrer la lumière du jour à travers
leurs rameaux. Eh bien, je me trompais; cette
nature vierge que j'avais rêvée, je ne la trouvai
pas. La plaine qui entoure la ville d'Honoloulou
est morne et déboisée. Il n'y a réellement d'ombre que dans les maisons. Je ne prétends pas
dire pour cela que le terrain soit stérile et ne
puisse rien produire; il y a dans cette plaine,
quand on l'examine en détail, des champs de

Taro bien cultivés et arrosés par de petites sources, mais je parle de l'aspect général, de la première impression qu'on éprouve en arrivant. On
y voit de la verdure, mais pas un seul arbre. —
Sur le bord de la mer, en avant de la ville, le
paysage est plus riant, de beaux cocotiers, aux
tiges élancées, y croissent en grand nombre ; plus
loin, dans le fond, s'élèvent des montagnes verdoyantes où l'œil se repose avec plaisir. »

A ce récit si simple du voyageur qui
voit les choses telles qu'elles sont et les
peint comme il les a vues, mettons en
regard la narration du romancier, embel-
lie par ses illusions :

*Vu de la mer, Honoloulou est ravis-
sant ; les premiers plans s'étalent gracieusement au bord de l'eau comme un
ruban de verdure et laissent entrevoir,
à travers et par dessus les arbres, le
sommet des édifices, ce qui lui donne,
vu de loin, tout-à-fait l'air d'une ville
asiatique.*

*Le galerie du Belvéder et son châ-
teau, ainsi que la coupole d'une église,
donnent un pittoresque admirable à cette
ville cachée dans un immense jardin,
et qui se révèle au voyagenr comme une
oasis au milieu de l'Océan.....* (Impressions de voyage. — Journal de Mad^e Gio-

vani, rédigé par Alex. Dumas. Feuilleton
du *Siècle*, mai 1855.)

Mais continuons les annotations de notre
ami :

« Le port d'Honoloulou peut contenir jusqu'à
deux ou trois cents navires.

« La ville offre un mélange de sauvagerie et de
civilisation naissante, qui lui donnent un aspect
singulier. Les Hawaïens qui assassinèrent Cook,
ne sont plus là ; le peu qu'il reste de cette race
si belle, si fortement constituée, se traîne et lan-
guit. Bien des voyageurs l'ont répété avant moi,
c'est le poison de la civilisation que nous leur
apportons, le vin, le *brandy* et les vices de toute
espèce. Les sauvages sont des enfants et des
enfants déraisonnables. Ignorant le bien comme
le mal, ils suivent la voie dans laquelle on les
dirige et se laissent facilement entraîner. Et qui
se charge de leur apporter ces bienfaits tant van-
tés ? Des matelots, américains-baleiniers, qui
infectent le sang le plus pur. Les biens que leur
offrent la religion et ses ministres sont loin de
compenser ces maux. Tout le monde le sait et
pourtant ce sera toujours ainsi tant qu'il y aura
de nouveaux peuples à exploiter.

« En attendant, la race qui s'éteint est rempla-
cée par une population mixte, provenant du
mélange avec les étrangers. Ce sont les métis.
Elle est encore belle cette race, mais elle a hérité
des vices de ses pères, et son sang ne se puri-
fiera qu'après plusieurs générations. Les métis
ont la physionomie ouverte, très-intelligente,

plus douce que celle des Hawaïens pur sang ;
ils sont aussi plus blancs, ont les formes plus
délicates, mais en même temps ils sont moins
robustes.

Tameahmeah III.

« Tameahmeah III n'est souverain que de nom;
les véritables maîtres sont les Américains et les
ministres qu'ils lui imposent. Ce monarque déchu
compte pourtant dans sa famille un grand roi, à
la fois législateur et guerrier; mais il semble
sentir déjà que son heure est venue ; il voit chaque jour le torrent de l'invasion étrangère emporter les vieilles coutumes, et il oublie........ en
s'énivrant. On nous a montré à l'hôtel de France
une chambre célèbre par les orgies du prince.
Les Américains qui sont venus occuper le pays
et lui ravir sa puissance, lui ont versé le poison
qui livre à leur merci le pauvre roi déjà à demi
détrôné. Les Romains avaient plus d'attention
pour les condamnés ; on leur servait un dernier
repas où les mets les plus délicats, les vins les plus
exquis leur étaient prodigués, et saturés de parfums et de voluptés, ils marchaient à la mort
couronnés de roses......................

« Le jour de notre arrivée à Honoloulou était
un samedi et nous assistâmes à la promenade qui
a lieu toutes les semaines à pareil jour. C'est un
spectable fort gai et très-animé. Dans une sorte
de rue ou plutôt un boulevard qu'on appelle
King street, il y a course à fond de train d'ama-
zones et de cavaliers indigènes, montant avec
autant de grâce que d'adresse d'assez jolis chevaux. Les femmes apparaissent là au milieu d'un

tourbillon de fleurs, de vêtements brillants, de draperies flottantes. C'est fort original. Le soleil qui vient se jouer au milieu de cette fête et ruisseler sur leur peau de bronze florentin, produit un tel effet d'ombres et de lumière qu'on pourrait, avec un peu de poésie, les trouver ravissantes, et pourtant, en réalité, elles sont laides. Toutefois on finit par se faire à cette laideur, car dans le fond, on découvre en elles de précieuses beautés. La gorge et les épaules sont d'un très-beau galbe ; elles sont en général bien faites, leurs mains sont admirables, leurs cheveux magnifiques. Pourquoi dont faut-il que leur figure soit en désaccord ? »

On vient de voir que la principale rue d'Honoloulou était *King Street*, une espèce de grande route ; voici de quelle manière le romancier que j'ai cité plus haut dépeignait cette cité naissante et sa rue royale à peu près à la même époque :

Les rues d'Honoloulou sont magnifiques de longueur et de largeur ; elles sont bordées comme nos boulevards d'une double rangée d'arbres toujours verts et dont l'ombre offre, en tout temps et quelque vent qui souffle, une fraîcheur délicieuse. King street traverse la ville entière dans toute sa longueur ; c'est une des plus magnifiques rues que j'aie jamais vues ; elle est immense, elle va de la mer à la mer. C'est là, comme le nom l'indique, que s'élève le palais du roi ; c'est là que s'étendent les superbes grilles de ses parcs, aussi belles que celles du jardin des Tuileries et aux ouvertures desquelles des sentinelles montent la garde comme dans une capitale européenne.

Peut-on pousser plus loin l'exagération ?

Quelques jours s'étaient écoulés depuis l'arrivée d'A. Grasset aux Sandwich, lorsqu'il projeta une excursion au *Pali*, qu'on lui avait vanté comme un des sites les plus curieux :

Excursion au Pali. « La route qui y mène, dit-il, est bordée de quelques Pandanus et de plantations de Taro *(Arum esculentum)*, espèce d'igname. C'est à peu près la seule végétation qu'on rencontre depuis la ville jusqu'à la base des montagnes. A droite et à gauche se trouvent différentes habitations blanches et propres, qui sont la demeure des ministres. Parmi celles-ci, on en voit une entourée d'un jardin où des pommiers, des poiriers, de la vigne, qui paraissent venir admirablement, mêlent leurs feuillages à celui des plantes tropicales. Cette habitation, alors fermée, était l'œuvre d'un homme de goût. On nous dit que c'était l'ancienne demeure de M. Dillon.

Description de l'abîme « A partir de cet endroit, la route fait coude et l'on commence à gravir la montagne ; on est dans la vallée d'*Anu-ana*, du froid ; l'aspect du terrain prend une teinte plus sévère, le chemin est rocailleux, abrupte, on n'aperçoit plus la ville. Les distances sont indiquées par des poteaux en milles anglais. Cela détruit un peu l'illusion ; toutefois on trouve encore du charme dans ces gorges solitaires, et moins les poteaux de la civilisation, on peut encore se croire dans un pays sauvage. A mesure qu'on s'avance, la végétation devient réellement belle, il y a de chaque côté du chemin et sur les pentes des rochers de grands et beaux arbres et un inextricable fouillis tout verdoyant. Après avoir monté pendant six milles par une pente très-rapide en certains endroits, le chemin s'applanit tout à coup, les arbres deviennent rares, les rochers se dépouillent et prennent une teinte rougeâtre ; on sent une impression de tristesse, car ces lieux sont mornes et sans bruit, pas un chant d'oiseau ne vient troubler cette solitude. On continue ainsi pendant quelques minutes, l'âme se prépare ; puis la route se détourne subitement : alors se présente le spectacle le plus étonnant, le plus admirable et le plus effrayant que l'on puisse voir. Devant vous, rien..... l'abîme, mille pieds de vide ! Les cheveux se hérissent, le courant d'air qui vous frappe le visage est si fort et si subit, que soit violence du vent, soit terreur involontaire, on se cramponne au rocher. Mais la nature est remplie de contrastes, à côté du terrible est le gracieux, comme le sourire après les pleurs. Au bas du gouffre s'étend une plaine ravissante, sillonnée de ruisseaux, tigrée çà et là de bouquets de Pandanus et

de cocotiers qui de loin semblent des touffes
d'herbe, et traversée par la route qui, après avoir
descendu presque à pic l'épouvantable précipice,
serpente blanche et fine jusqu'au village d'*Eia*
qui termine la plaine ; plus loin, c'est la mer et
son immense horizon.

« Telle est la vue qu'on embrasse des bords du
Pali, site étrange, qui, de même que les Ther-
mopyles, eut aussi son Léonidas : un grand
chef nommé Taïcy-Taiuna fut battu et poursuivi
jusque sur le bord de cette dernière crête ; ayant
épuisé ses javelines, blessé et dédaignant de se
rendre, il se précipita avec trois cents des siens.
L'héroïsme n'a ni âge ni patrie.

« La route qui descend le précipice est très-
raide et à tout au plus 8 ou 10 pieds de large ;
Mgr Maigret, qui est, dit-on, le plus hardi cavalier de l'île, l'a franchie au grand trot ; c'est effrayant à penser. Du reste, cette route est toute
nouvelle ; on y travaillait encore lorsque nous y
sommes passés. Le père Stanislas nous a montré
le chemin que l'on suivait auparavant et par où
lui-même a passé plusieurs fois. Ce chemin, à
vrai dire, n'en est pas un ; ce n'est qu'en s'aidant
des pieds et des mains, en se faisant un appui de
la moindre touffe d'herbe, de la plus étroite an-
fractuosité qu'on parvient à une roche lisse,
sèche et aride, qui surplombe l'abîme. Ce n'est
plus que cent-vingt pieds à gravir : il y a là,
scellée dans la pierre, une barre de fer le long
de laquelle il faut se hisser à la force des poi-
gnets. Le moment est terrible. On est dans une
position presque horizontale ; les pieds cher-

chent un appui dans le vide ; la moindre émotion, la moindre faiblesse, le moindre vertige
peuvent vous trahir ; si l'on tombait, le corps
déchiré et meurtri n'arriverait en bas qu'en lambeaux. Nous vîmes cela, mais nous n'eûmes pas
envie de tenter l'ascension.

Eia.

« Lorsque nous arrivâmes au village·d'*Eïa*, un
jeune garçon, leste, bien découplé, à la figure
souriante et portant encore le costume de ses
pères, se chargea de nous conduire à la demeure
des missionnaires qu'il appelait *minitaré*. Dans
l'intérieur du pays, les naturels portent encore le
maro national, sorte de ceinture assez étroite qui
entoure les reins. L'étoffe dont elle se fabrique
se fait avec une espèce de mûrier à papier.
L'écorce de cet arbre, après plusieurs jours de
macération, est battue avec un maillet sur une
pierre où elle s'étend. Quand on a la longueur
voulue, on fait sécher l'écorce au soleil et voilà
l'étoffe tissée. C'est le vêtement en usage dans
toute la Polynésie et partout fabriqué de la même
manière. Ce sont les femmes qui sont chargées
de cet ouvrage. Souvent le maro est bariolé de
dessins de diverses couleurs végétales. L'étoffe
ainsi fabriquée s'appelle *Tapa* ; celle des Sandwich est des plus estimées pour sa finesse,
mais elle ne peut guère supporter l'eau ; quand
elle est mouillée, elle se déchire comme du
papier. Celle de Tikopia m'a paru des plus
solides ; les habitants de cette ile se jettent à la
mer tout habillés et l'étoffe n'en est nullement
altérée.

« L'habitation des missionnaires est située au milieu d'un terrain tout planté d'arbres, parmi lesquels domine l'arbre à pain dont le fruit, de la grosseur de la tête, est une excellente nourriture lorsqu'il est cuit sous la cendre. Son goût rappelle l'artichaut. Nous vîmes aussi dans la plantation des missionnaires une grande variété de bananiers, de beaux ananas et des cocotiers. La plupart de ces végétaux sont des ressources providentielles que la nature a répandues à profusion dans les régions intertropicales. — Le fruit du cocotier varie à ses différentes époques de maturité. Si l'on veut se rafraîchir, on cueille un coco vert : ces fruits sont tendres alors, leur écorce est molle et on les ouvre facilement. On trouve à l'intérieur une eau limpide, légèrement sucrée et dont la température n'excède jamais celle de l'air ambiant. Les plus gros fruits contiennent un litre et demi de liquide. Ce breuvage est très sain et l'on peut en boire à l'excès sans en être incommodé. Si, au contraire, on veut étancher sa soif et apaiser sa faim, on ouvre un fruit plus mûr, ce qu'on reconnaît à la teinte jaunâtre de l'écorce ; les parois internes du coco sont couvertes alors d'une sorte de crème blanche, qui a un goût très-prononcé de noisette. Enfin dans les vieux cocos cette crème s'épaissit, devient une amende dont on extrait l'huile de coco si répandue dans le monde. — L'écorce du fruit du cocotier sert à tresser des cordes que la marine marchande emploie avec avantage. C'est avec les feuilles de l'arbre qu'on fabrique des chapeaux de paille d'une grande durée. —

L'écorce du pandanus, que les naturels appellent *hava*, sert aussi à la fabrication des cordages, les feuilles à celle des nattes et des toitures. — Parmi les autres arbres, on nous fit remarquer le *ti* dont la racine donne une liqueur spiritueuse qui peut remplacer le cognac; puis le *kava*, autre racine dont on retire une autre boisson fermentée, d'un usage général chez ces peuples, et en dernier lieu le *kukui*, dont le fruit, de la forme et de la grosseur d'une noix, sert à l'éclairage et donne beaucoup de clarté.

Le P. Stanislas et le P. Martial.

« Le Père Stanislas vint nous recevoir avec le Père Martial qui habite cet hermitage depuis dix ans ; il nous fit entrer dans sa case, pauvre chaumière construite comme toutes les habitations kanaks en pandanus et en cocotier ; à l'intérieur tout est pauvre, un lit, quelques nattes, un ou deux escabeaux, cinq ou six volumes dépareillés et un crucifix. — Voilà la demeure du missionnaire catholique; nous pourrions à peine y tenir tous les six, mais nous étions heureux de la joie que nous causions à ces braves gens. Les visages blancs et amis sont si rares pour eux dans ces îles! — Le Père Martial est le type de l'anachorète; la solitude a répandu sur sa physionomie quelque chose de triste et de résigné. Ses traits hâves et usés, la maigreur et la sécheresse de son corps, ses yeux enfoncés et brillants d'un éclat fiévreux, témoignent d'une vie ascétique; on sent en l'approchant un grand respect et une profonde pitié; respect pour celui qui est venu consumer dans un point perdu du globe, peut-être un génie, une haute intelligence; pitié pour l'homme qui s'éteindra, après une vie de priva-tions, de travaux, d'abandon et d'oubli.... et chaque île de cette vaste Océanie presque incon-nue à notre orgueilleuse Europe, renferme, dans les gorges de ses montagnes, de ces dévouements ignorés !

« Les bons pères se mirent en quatre pour nous procurer un repas dans lequel ils sacrifiè-rent toutes leurs réserves; pour la première fois nous mangeâmes du *taro* qui est la base de la nourriture des indigènes. C'est une racine sem-blable pour la forme à la betterave et pour le goût à l'igname. On s'y habitue sans difficulté ; elle ressemble assez bien au pain. Nous passâ-mes la soirée, qui était déjà assez avancée , en causeries interressantes ; il fut peu question des choses d'Europe ; ces solitaires ne s'en préoccu-paient plus depuis longtemps. Que leur importe dans ce coin retiré nos querelles politiques et nos révolutions ?.... Enfin nous nous retirâmes. Le Père Martial nous céda sa chambre et fut dormir avec le Père Stanislas dans une case voisine. L'hospitalité est une chose sacrée et douce à remplir : nous la laissâmes s'accomplir jusqu'au bout.

L'église rustique.

« Le lendemain nous allâmes visiter le petit domaine du Père Martial; en traversant le jar-din, nous aperçûmes une case plus grande que les autres, avec une croix de bois grossièrement travaillée au-dessus de la porte. C'était l'église : nous y entrâmes. Cette pauvreté d'aspect et cette humilité dans la maison de Dieu nous avaient déjà profondément émus. L'intérieur est encore plus pauvre que le dehors, tout y rappelait la crèche de Bethléem; mais la prière, dans les premiers temps de l'église, n'en montait pas moins vers le ciel pour être prononcée dans les catacombes. — Outre le délabrement que présentait cette grande case, plusieurs poutres brisées, la toiture défoncée en quelques endroits indiquaient une secousse extraordinaire, une dévastation récente. — Voici ce que le Père Martial nous raconta :

L'ouragan pendant la messe.

« Quinze jours auparavant, le grand coup de vent que nous avions nous-mêmes éprouvé en mer, avait sévi sur l'île d'une manière terrible. C'était un jour de fête ; tous les fidèles remplissaient le petit sanctuaire, le Père Martial était à l'autel et officiait; le vent sifflait avec violence, les feuilles de pandanus s'envolaient en lambeaux, les poutres et les charpentes craquaient de toute part et l'église tremblait sur sa base. Le Père Martial voulait cesser et ne pas exposer tout ce monde à être écrasé sous les décombres. Mais *ces sauvages* lui répondirent: « *continue Père et n'aie crainte, si les poutres manquent nous les remplacerons.* » En effet, les plus robustes se mirent en arc-boutant des deux côtés de la nef; la voute se brisait comme le verre ; la tempête redoublait de fureur et le tonnerre envoyait ses éclats dans l'assemblée, mais les poutres de la toiture étaient remplacées par des étais vivants, et au milieu de ce fracas, des éclairs qui faisaient pâlir la lueur des lampes, de ce déchirement des éléments, la voix du prêtre s'élevait calme et pleine de foi, remplissant tous les cœurs d'une sainte émotion.

« Le Père Martial nous montra en sortant un immense amas de coraux avec lequel il veut bâtir une église sans autre aide qu'un ancien matelot baleinier qui est venu se fixer auprès de la mission et s'est voué à son service. Ce brave marin va chercher les matériaux en mer à un mille d'Eïa, avec quatre mauvaises planches liées ensemble qui lui servent de radeau. Il a risqué déjà de périr en maintes occasions avec le père Martial, qu'il mène souvent avec lui. Quelquefois la mer est trop grosse et le frêle transport chavire avec sa cargaison. Malgré cela rien ne les rebute et voilà trois ans qu'ils travaillent.

« Enfin, nous quittâmes le bon Père les larmes aux yeux, et le P. Stanislas revint avec nous à Honoloulou. Pendant la route nous fûmes témoins d'une scène touchante : le P. Stanislas, qui avait été absent de l'île depuis deux ans, fut reconnu par tous ces braves kanaks ravis de le revoir. Ce fut une ovation : des poignées de mains, des cris de joie, des mouvements d'enthousiasme. C'était le retour du patriarche au milieu de ses enfants. Le bon Père était tout ému. Voilà les joies du missionnaire ; elles en valent bien d'autres ! — Nous entrâmes à la ville nous entretenant encore de ce que nous venions de voir. Cette excursion m'a laissé de profonds souvenirs que je n'oublierai jamais, car ce sont des souvenirs du cœur.

« Quoique les missionnaires catholiques soient
en plus petit nombre que les missionnaires protestants, et depuis beaucoup moins de temps dans
ces îles ; quoique les premiers soient pauvres et
sans influence et les seconds riches, confortable-
ment logés, puissants, cumulant les fonctions de
pasteurs des âmes, de collecteurs des impôts, de
juges de paix, etc., il y a dans toute l'île 24 à
25,000 protestants et déjà 22,000 catholiques sur
une population de 80,000 habitants.

« En rentrant à la ville, nous aperçûmes un
cavalier kanak habillé en dandy, pantalon de
nankin et bottes vernies, le tout fort propre. On
nous dit que c'était un des fils de Tameahmeah.
Il vient de faire un voyage en Europe et a visité
Londres et Paris ; mais la France surtout l'a
émerveillé. Quand à son retour on lui a demandé
si l'Angleterre était aussi puissante qu'on le lui
disait : « *L'Angleterre !* s'écria-t-il, *c'est la
France qui est une grande nation ; il y a autant
de tambours chez elle, que de soldats en Angleterre !* »

Kailua.

« Kailua ou *Kailoua* est un petit village situé
sur la côte ouest de la grande île d'Hawaï,
laquelle à donné son nom à tout le groupe des
Sandwich. Nous y fîmes une excursion pendant
notre relâche dans ces parages. Il y avait à
Kailua deux missionnaires français, pauvres
comme ceux d'Eïa, mais moins dénués de ressources, le P. Maréchal et le P. Grou. — Deux
frères servants, associés à leur sort, se sont mis
à bâtir une église en pierres de taille, un grand

édifice comme beaucoup de nos villages n'en ont
pas, avec des colonnes, des arceaux, une nef, des
bas-côtés, un clocher, rien n'y manque, et cette
merveille, qu'on aperçoit de 3 à 4 lieues en mer,
a été construite par les deux frères, presque sans
outils, et il a fallu aller chercher le bois de la
charpente et les pierres dans la montagne, à près
d'un mille de distance. Il est vrai que les missionnaires sont très-aimés de la population et
que chacun les aide. Les femmes tressent les
nattes et fabriquent de belles *Tapas* pour en
orner le saint temple ; les hommes charrient les
matériaux, gacheut le mortier. Les coraux, soumis à la cuisson, fournissent la chaux et l'église
s'achève. C'est merveilleux !

« Le village de Kailua est assis au pied du
terrible *Mouna-Roa* , volcan de 4,157 mètres
d'élévation.

« Hawaï est sous tous les rapports l'île la plus
curieuse du groupe ; elle renferme des sites
remarquables ; c'est elle qui a donné naissance à
Tameahmeah-le-Grand, qui a tout fait pour civi-
liser son pays, le premier qui ait osé donner un
coup mortel à la puissance des anciens prêtres
kanaks en abolissant les sacrifices humains.

Le Tombeau de Cook. « A quelques milles de Kailua, sur un endroit
de la côte appelé *Kealu-Keakna*, se trouve le
tombeau de Cook, et nous nous y rendîmes pour
donner un souvenir à celui qui fut massacré par
les indigènes, après avoir été adoré comme un
dieu. Un tronc de cocotier coupé à cinq pieds du
sol et une plaque zinc, sur laquelle les visiteurs

gravent leur nom, voilà tout ce qui indique la place où l'illustre navigateur fut frappé. Et l'Angleterre, ordinairement si large, si généreuse à l'égard de ceux qui la servent, l'Angleterre qui fait rechercher l'infortuné Franklin avec tant d'appareil et d'éclat, n'a encore rien fait pour élever un monument honorable et digne d'elle à la plus grande de ses gloires maritimes ! »

Anciennes traditions des Hawaïens. Voici quelques notes qui ont été fournies à notre voyageur, par le P. Maréchal, sur l'histoire religieuse de l'île d'Hawaï.

« Les traditions ont conservé les chants sacrés des prêtres des idoles. Ces poésies s'appellent *Meles*. Chaque prêtre était lui-même un *Moolelo* (historien).

« L'origine du monde est comme partout mêlée de fables, mais on reconnaissait un Dieu souverain qui était le *Grand-Dieu* qui gouverne tout. Dans les traditions ou Meles, le premier s'appelle *Kumouakoua* ou principe de terre, la première femme *Lalahonna* ou bas de terre. Leur premier enfant fut *Kolokeao*, mot à mot, le tatonnant la lumière, comme l'on dirait d'un enfant qui commence à essayer ses pas. Sa femme est *Kolokapo*, celle qui commence à marcher dans la nuit. — Il y a ainsi une longue nomenclature de noms jusqu'au déluge, qui arriva sous le chef *Kalina-Kalinalü*, de là le nom du déluge où tout périt excepté un Kanak nommé Nuanu qui veut dire *Nu* (le priant) ou Nu l'adorateur ;

il était prêtre, emporta le feu avec lui et se sauva
sur la montagne. — Quel singulier rapproche-
ment entre *Nu* et Noé !

« Il y a dans les mœurs et coutumes du pays
beaucoup d'analogies avec les anciens usages des
Juifs, des Grecs, et même avec les coutumes du
moyen-âge. Ainsi, du moment où un criminel
franchit le seuil d'un lieu de refuge, il est *Tabou*
sacré. Le porc, d'après l'ancienne loi, était
immonde pour les femmes ; les poissons sans
nageoires, pour tous, comme chez les Juifs ; tout
le temps du flux menstruel, les femmes vivaient
séparées de leurs maris et habitaient des cases
tabou. On ne sacrifiait ordinairement pour victimes humaines que des prisonniers de guerre ou
des criminels. — Ce peu de renseignements me
fait regretter de n'avoir pu entretenir assez longtemps le savant missionnaire qui s'occupe de
recueillir les fragments épars de l'histoire primitive de cet intéressant archipel. »

21 février 1851.

**Des Sandwich
à Tahiti.**

« En quittant les Sandwich nous nous dirigeâmes, avec l'*Arche d'alliance*, sur les îles de la
Société, et le 19 mars, à 4 heures du matin, notre
navire se présenta devant Tahiti.

**Aspect de l'île vue de
la mer.**

« Cette belle île vient de nous apparaître dans
toute sa splendeur : le soleil se lève et jette des
flots de lumière sur toutes les cimes encore légèrement estompées de brumes. J'ai lu toutes les
descriptions que l'on a faites de ce délicieux pays;
rien ne rend l'impression de ce premier coup-

d'œil. C'est bien la reine de l'Océan pacifique, rien ne manque à son titre, pas même la couronne, car au milieu de ses montagnes s'en élève une découpée vers sa cîme comme un diadème. Le soleil, qui en ce moment dore les têtes de ses pitons, la fait briller riche et étincelante de diamants. Jamais le jour n'a été plus beau, la température plus chaudement voluptueuse, l'atmosphère plus parfumée. Tout est riant autour de nous. Cette ravissante nature est en habits de fête pour nous recevoir. La belle fille nous tend les bras.

« Les pilotes arrivent, et avec eux une foule de pirogues qui entourent le navire. Quelques hommes montent à bord avec des cocos et des oranges. Ce sont tous des hommes magnifiques, aux formes athlétiques n'excluant pas l'élégance; leur taille est de beaucoup au-dessus de la moyenne; l'un d'eux avait avec lui sa fille, un enfant de 12 à 14 ans, ravissante figure encadrée dans les boucles soyeuses de longs cheveux noirs. . . . .

« Nous débarquâmes sur la plage, près de la ville et nous nous dirigeâmes à pied vers *Papeti*, la capitale. Le terrain est d'une admirable fertilité; les habitants disent proverbialement que « *si on plantait un homme, il prendrait racine.* »
— Nous vîmes de très-beaux arbres; l'arbre à pain appelé *Maivic* par les naturels; l'Evier (*Spondias Cytherea*), dont le fruit fort vanté ressemble à une pomme du Canada. Ce fut Lamarck qui, le premier, classa ce bel arbre sous le nom de *Cytherea*. On l'a nommé depuis

Spondias dulcis ; il est commun aux îles de la Société et à l'Australie, et a été introduit à l'île Maurice. L'oranger atteint, à Tahiti, d'énormes dimensions ; il y en a une grande quantité et toujours couverts de fruits. C'est une richesse pour le pays et l'on commence à en expédier en Californie.

Papeti.

« Papeti est bâtie sur le bord de la mer et suit les sinuosités de la plage ; son aspect est des plus riants ; toutes les cases en bois et sans étages, mais d'une simplicité coquette, sont disséminées sans ordre apparent au milieu d'arbres verts et touffus, sur un sol parsemé de fleurs aux couleurs éclatantes. Ce n'est pas une ville, c'est un grand jardin. Jettez dans ce paysage des hommes, des femmes et des enfants, tous beaux, bien faits, gracieusement drapés dans de brillantes étoffes, vous accueillant le sourire sur les lèvres, et vous vous croirez transporté dans quelque île enchantée comme parfois l'imagination en rêve.

Les Tahitiennes.

« Les femmes sont plus belles que jolies, et néanmoins quoique très grandes, elles ont les extrémités d'une rare délicatesse ; leurs formes, fortement accentuées, annoncent une vigoureuse nature pleine de sève et de vie ; elles sont souples et voluptueuses. C'est à la Vénus de Milo, plutôt qu'à celle de Médicis, qu'on doit comparer ces Tahitiennes comme type de beauté. Leur costume est très-simple et fort commode pour le pays. Il consiste en un grand peignoir sans taille, en mousseline ou en indienne de couleur voyante, comme jupe de dessous ; elles roulent là dessus, autour de la taille, une pièce d'étoffe qui descend jusqu'au bas de la jambe. La robe s'appelle *tapa* et le jupon *pareo*. Leur principale parure est des fleurs naturelles dans les cheveux, aux oreilles et même des couronnes.

« Tous les hommes et femmes sont d'une exquise propreté. L'île est coupée en tous sens par de petites rivières aux eaux claires et limpides. Les goyaviers et les orangers, unis par des lianes, s'arrondissent, en quelques endroits, en voutes sombres et inaccessibles aux rayons du soleil. C'est là que ces enfants de la nature viennent s'ébattre joyeusement et prendre des bains qu'une température toujours égale rend très-agréables.

Les Tahitiens. « Je ne puis assez admirer la beauté du type tahitien ; les hommes ont un air martial qui fait plaisir à voir. Oh ! qu'il devait être beau, au temps de l'indépendance de ces îles, de voir un guerrier Tahitien en tenue de bataille. avec sa haute et superbe stature, sa belle tête empanachée d'un cimier de plumes éclatantes, le corps tatoué de nielles et d'arabesques fantastiques aussi délicates que les plus splendides damasquinages de l'*armeria real*. »

Missionnaires Protestants. Notre jeune voyageur, dans un autre passage de son journal relatif aux missionnaires protestants, cite un fait qui donne

la portée de l'abus que ces réformateurs
exigeants ne craignent pas de faire de leur
ministère :

« Il existe, dit-il, dans l'île une fort belle route
dont voici l'histoire : Les missionnaires protestants, établis dans le pays avant notre occupation,
voyant, à leur début, le peu de succès de leurs
prêches, auxquels le peuple assistait bien, mais
s'endormait souvent, résolurent de déraciner le
vice prédominant des insulaires, d'une manière
qui ne fut pas du moins sans fruits pour le pays.
Ils établirent une loi par laquelle toute Tahi-
tienne, surprise en flagrant délit, était condamnée
à tant de mètres de route. Mais ils n'obtinrent
avec cette loi qu'un résultat matériel ; le but
moral fut manqué. Le fruit défendu n'est que
plus savoureux, les obstacles irritent l'amour, et
puis les jeunes et jolies filles ne manquaient pas
de bras complaisants pour remplir leur tache.
En un mot, le péché tint bon, mais la route fut
achevée. — Etrange évangélisation ! »

Quand on réfléchit à l'état primitif de ce
peuple confiant, livré à lui-même, se laissant aller innocemment à ses désirs naturels, à toutes les impressions du moment,
on se demande ce qu'il a gagné depuis cette
prétendue civilisation qu'on a voulu lui
imposer. — Ce sont sans doute ces considé-
rations qui ont inspiré à notre jeune philosophe cette tirade que nous rencontrons

dans ses notes manuscrites à la suite de ses renseignements sur les missionnaires méthodistes :

« Quand vous les surprites toutes nues ces superbes filles de l'Océanie, embaumées du parfum des orangers et le sein ruisselant des perles des fontaines, comme des cavales au sortir du bain ; heureuses et libres alors, elles s'ébattaient joyeuses, livrées à toutes leurs sensualités, et sans souci du lendemain ; car alors aussi la nature enflammait tous les sens et ouvrait tous les cœurs..... Et puis naissaient des hommes beaux, vigoureux, prompts au combat, ardents au plaisir. Et vous vous êtes flattés avec une goutte de votre méthodisme glacé de transformer en huile de continence tout ce sang, toute cette sève, tout ce qui vit, bouillonne et flambe dans ces organisations de feu, dans ces natures vierges ; pauvres réformateurs ! Ce qu'il fallait, Dieu le sait....., quelque miracle, quelque inspiration du ciel peut être..... que sais-je moi ? »

L'annotateur , poursuivant ensuite la narration de ses courses dans l'île, s'exprime en ces termes :

« Nous employâmes les derniers jours qui nous restaient encore, à visiter le théâtre du combat qui nous assura la possession définitive de l'île de Tahiti. C'est le combat du diadème *(Maïao)*, quoique ce soit sur la crête de *Fatahua* qu'il se soit livré. — Les Tahitiens défendaient les hauteurs, et ce fut un pic de six cents mètres d'élévation que nos soldats et nos marins eurent à gravir ; une ascension dans le genre de celle du *Pali* à Hawaï. — Fatahua est maintenant une délicieuse retraite, paisible et calme, où l'on n'entend que le chant des tourterelles vertes qu'on appelle *Kourou-Kourou.* »

Départ de Tahiti.

« Il nous faut donc quitter ce pays, cette nouvelle île de Calypso, où les arbres sont toujours verts et le printemps éternel, cette Paphos, ce bouquet de fleurs que la France s'est mise au côté, délicieux port de relâche, mais rien que ça :

Chant d'adieux.

« Adieu souriante merveille,
Tahïti, berceau des beaux jours,
Adieu, gracieuse corbeille,
Pleine de parfums et d'amour !
Adieu, voluptés envolées!.....
Le ciel du sein de ses splendeurs
Laissa, des voutes étoilées,
Tomber une étoile de fleurs.

Dors en paix ! Dormez folles brises,
Amantes des rochers fleuris!
Dormez Divinités assises
Au bord des ruisseaux assombris.
Dormez, belles filles sauvages,
Syrènes qui noyez les cœurs
Dans des Océans sans rivages,
Parmi des tempêtes de fleurs.

Dors en paix, île des doux songes,
Dors en paix, île de l'oubli,
Où sur des lits pleins de mensonges
Les roses ne font pas un pli.

Ne pense pas à nos merveilles.
Ne pense pas à nos douleurs;
A nous les trésors et les veilles....
A toi les rêves et les fleurs.

Que te font les joyaux du monde,
A toi, la perle de ces mers!
Et les palais où l'or abonde;
Reine aux palais d'ombrages verts!
Dieu t'a donné, fille qu'il aime,
Les sourires et les splendeurs.....
Si ton front porte un diadême
Ta pourpre est un manteau de fleurs!

21 avril 1851.
Archipel de Samoa ou
des Navigateurs.

« L'aspect général d'*Upulou*, une des îles des Navigateurs, ressemble assez à celui de Tahiti. La rade d'*Apia* est charmante, en demi-cercle et entourée d'une riche ceinture de cocotiers. Derrière, s'étend une plaine de trois à quatre milles, puis un rideau de montagnes vertes, riantes et fertiles termine le paysage. C'est d'une fraîcheur délicieuse. Papeti est presque une ville, Apia est un khan de sauvages.

« A notre arrivée, nous avons été aussitôt entourés de nombreuses pirogues remplies de cocos, d'ananas, de poissons, d'armes et de coquilles. En moins d'une heure, il y avait plus de 200 naturels à bord.

« Enfin! Voilà de vrais sauvages, bien nerveux, bien féroces. Ils n'ont pour vêtement qu'une ceinture de feuilles de *Ti*; au cou et aux bras, ils portent des colliers, des bracelets en coquilles ou en verroteries. Sur leur tête, s'élève une immense touffe de cheveux rouges qui ombrage comme un casque. Leur taille paraît supérieure

à celle des Tahitiens ; ils sont moins beaux
comme modelé, ils n'ont pas leur finesse, mais
ils sont plus vigoureux. Les Tahitiens semblent
faits pour la jouissance et les plaisirs, c'est une
beauté un peu efféminée, les habitants d'Upuloû
sont taillés pour la guerre. Plusieurs sont couverts de cicatrices, dont quelques-unes encore
saignantes. Presque tous sont armés d'un fusil,
d'un casse-tête ou d'une lance. Leur aspect est
terrible.

« Les naturels de Samoa sont presque toujours en guerre ; quelques jours avant notre
arrivée, un sanglant combat s'était livré à
Mulime, près de la case des missionnaires catholiques. Quoique, généralement, les sauvages
cachent le nombre de lenrs morts, on n'en
comptait pas moins de 50. Mais, cet état de
guerre doit cesser bientôt avec l'introduction des
armes à feu que leur vendent les baleiniers.
Autrefois, dans les combats, on se battait à la
lance ou au casse-tête ; il y avait du courage, de
l'adresse à affronter un homme de près ; maintenant, on a appris à s'embusquer, et avec le fusil,
un enfant, un homme faible, un poltron même,
pourra tuer le chef le plus courageux, sans que
celui-ci sache d'où le coup est parti. Aussi, cela
commence à dégoûter de la guerre.

« Aux îles Samoa, l'autorité des chefs est fort
restreinte ; ils ne relèvent d'aucune puissance
centrale ; leur importance est purement nominale ;
leurs priviléges consistent à être nourris eux et
leur famille, en percevant une sorte de dîme
d'ignames, de cocos, de cochons, etc., et de

femmes, mais seulement dans leur district. Leur valeur personnelle fait toute leur influence. Les titres de *Grands-Chefs* se transmettent par héritage ; c'est l'aîné de la famille qui succède au père ; les frères sont chefs, mais de bas étage.

« Il existe, dans l'intérieur de l'île, une ruine très-remarquable, connue sous le nom d'*Efë*. Ce qu'il en reste indique un travail de géants. Les naturels n'ont aucune tradition à son sujet ; on voit encore des colonnes en pierres de taille et la carrière, d'où ces pierres paraissent extraites, est éloignée de plusieurs milles et l'on n'y arrive que par d'affreux chemins. Ces ruines datent, peut-être, de la même époque que celles de l'île de Pâques et de l'île de Tinian. Encore un point de l'histoire du monde sur lequel l'homme est obligé d'avouer son ignorance.

Cérémonie d'un Kava. « Nous avons assisté à une cérémonie caractéristique et d'une grande importance dans toute la Polynésie ; elle est de toutes les fêtes et, pour ainsi dire, la sanction de tous les grands actes publics. C'est le *Kava*. Ainsi, à la naissance du fils d'un grand chef, on donne un Kava ; il y a Kava lors d'un mariage politique. Un kava est obligatoire pour ratifier un traité de paix. Voici en quoi il consiste :

« Tous les conviés, quelques fois au nombre de plusieurs mille, s'accroupissent en rond et par rang de distinction, dans une plaine ou place préparée à cet effet. Au milieu du cercle se placent les jeunes gens des deux sexes, généralement des jeunes filles choisies, les plus belles et dont les dents sont les plus blanches. Leur fonction est de mâcher la racine de kava qu'on leur apporte, divisée en plusieurs morceaux. A leurs pieds sont plusieurs coupes ou vases de bois, contenant 7 à 8 litres. A mesure que chacune a bien trituré sa racine, elle la jette dans les coupes, et quand tout est mâché, on verse de l'eau dessus.

C'est là le *hic,* car cette opération est des plus délicates, et les bons faiseurs de kava sont aussi estimés que chez nous un Vatel ou un Carême. On remue ensuite la liqueur avec une espèce de spatule en écorce de *Burno,* puis on exprime le résidu de la racine de Kava qui est enlevée avec soin, et tout est fait.

« Alors une des jeunes filles crie :

Uâ uoi lé kavâ — Le kava est prêt !

L'assemblée répond en frappant trois fois des mains, et le président dit :

Tu lé tau tû — Qu'on le serve.

Le dialogue continue et la jeune mâcheuse répond :

Koé kù — A qui ?

« Chacun est servi suivant son rang ; quand il y a des étrangers qu'on veut honorer, le président boit le premier et leur passe la coupe ; le reste de l'assemblée n'est servi qu'après. A la question de la jeune fille (*koé kù* — à qui ?), le chef répond par une formule à laquelle est jointe le nom de celui qui va boire. Le convive désigné frappe trois fois des mains en signe d'acceptation. — Dans la Polynésie, c'est une noix de coco qui sert de coupe pour tous ; aux îles Fidjï, on boit dans une feuille de bananier roulée ; chacun a la sienne qu'il doit jeter à terre, avec dédain, après avoir bu.

« Nous vîmes, le lendemain, un autre spectacle curieux :

« C'étaient toutes les pirogues de guerre chargées de leurs guerriers et revenant chez elles la paix conclue. On voyait là les guerriers d'*Atua*, accompagnés de leurs alliés d'*Ana*, qui allaient aider à reconstruire les cases brûlées et les plantations dévastées par l'ennemi. Parmi la flotille de pirogues, il y en avait de fort grandes contenant jusqu'à 60 hommes, dont 20 pagayeurs; celles-ci avaient à bord un ou deux pierriers qu'on déchargeait en passant le long de notre navire, en signe de réjouissance et pour faire honneur à notre pavillon. Tous ces hommes, à la peau nue et éclatante au soleil, avec leur cheve-lure ébouriffée et brandissant leurs fusils et leurs lances, avaient quelque chose d'indicible. C'était vraiment un magnifique spectacle. Tant grandes que petites, il y avait bien 50 à 60 pirogues avec leurs balancelles, leurs voiles de natte et leurs ornements en coquilles. En passant à côté de nous, toute cette multitude a entonné, à l'unisson, un chant immense, grave et triste, qui retentis-sait dans toute la rade. C'était d'un effet grandiose et étrange à la fois. Les paroles étaient, nous dit-on, analogues à la circonstance, pleines de man-suétude et de mélancolie : « *Amour et affection à cette terre désolée par la guerre ; amour et affection, nous restons seuls pour pleurer et gémir !* »

22 avril 1851.
Grandeurs humaines.

« A Tahiti, nous avions trouvé la reine Pomaré assise sur une natte et mangeant, comme une simple mortelle, du poisson cru trempé dans une sauce d'eau de mer. — A Apia, nous avons vu le non moins célèbre Pritchard, autre grandeur déchue, qui se console de son obscurité présente en boucanant lui-même la viande de bœuf et de ses moutons, qu'il vend le plus cher possible aux navires baleiniers. O vanité des vanités ! »

23 avril.
Départ.

« Nous quittons les îles Samon aujourd'hui, après avoir échangé le *Tagangi* avec *Mana*, notre *Tayo* (ami). »

22 mai.
En mer.

« Nous avons traversé l'Océanie en 29 jours et nous sommes sur la côte de l'Australie, prêts à mouiller à New-Castle. »

New-Castle.

« Quelques heures suffisent pour voir New-Castle, petit bourg auquel ses mines de charbon et ses fabriques de tissus de laine donnent, chaque jour, plus d'importance. New-Castle est bâti à l'embouchure de la rivière *Hunter*, qui offre, dans ses méandres et ses îlots, des endroits très-pittoresques ; aussi, y fîmes-nous quelques courses, entr'autres, une avec l'aimable et bon docteur Stacy, préfet de police à New-Castle. — Nous étions partis de bon matin et après quelques heures de navigation, nous abordâmes une grande île sur laquelle habite M. Scott et qu'il a défrichée en partie. Nous trouvâmes le savant occupé à rentrer ses foins, les manches retroussées et le front couvert de sueur. Il vint serrer la main du docteur, et après nous avoir fait prendre des rafraîchissements dans une habitation modeste, mais confortable, il voulut nous montrer ses richesses. Je vis là la plus magnifique collection de papillons, qu'il soit possible d'imaginer ; les couleurs les plus éclatantes, jointes aux formes les plus sveltes, car tout est réuni dans ce gracieux insecte, joli et fragile comme la fleur qui le nourrit de son miel. Ceux-ci sont tous particuliers à l'Australie. M. Scott s'occupe, dans un admirable ouvrage, de les décrire, et ses deux filles, Miss Helena et Miss Harriett, l'illustrent de leur pinceau. Dire avec quelle perfection chaque détail est rendu, est impossible. Ce n'est pas seulement de l'art, c'est aussi de la science. L'insecte, sa chenille et ses diverses métamorphoses ou transformations y sont représentés, ainsi que la plante qu'il affectionne.

« Nous parcourûmes ensuite la partie cultivée du domaine de M. Scott. La fertilité du sol est extrême ; tout y vient, tout y prospère. Nous admirâmes surtout une plantation d'orangers en pleine maturité. Ces arbres, qui bordent des allées à perte de vue, couvertes de gazon, étaient magnifiques et leurs fruits délicieux. Du reste, tous les fruits d'Europe atteignent, sur ce terrain, une grosseur prodigieuse.

« Ce qui nous étonna le plus, c'est que l'île où se trouve ce beau domaine mis en culture par un homme intelligent, manque d'eau douce et que cet indispensable aliment de la végétation, lui est apporté par les navires à vapeur qui vont de

New-Castle et de Sidney à Maitland. La marée
remonte jusqu'à 20 milles au-dessus de l'embouchure du *Hunter*.

« Après quelques heures consacrées à l'admi-
ration, nous repartimes dans notre embarcation;
la soirée était charmante, le calme régnait sur les
eaux. Toute cette rivière de Hunter est parsemée
d'iles vertes et ombreuses, dans lesquelles s'ébat-
tent à l'envi des oiseaux au riche plumage : Le
Regent bird (Sericulus chrysocephalus) au corps
mi-partie noir de velours et jaune d'or, des perroquets de toutes les espèces, le cacatoë blanc à
crète jaune, qui atteint de bien plus grandes
dimensions que dans la Malaisie, le cacatoë noir,
le cacatoë rose aux ailes cendrées, le *king pavot*,
au corps rouge de feu et aux ailes d'un vert foncé
à reflets métalliques. »

13 juin 1851.
Détroit de Torres.

« Nous partimes de New-Castle et nous nous
dirigeâmes sur le détroit de Torrès encore peu
fréquenté. Nous nous étions procuré des cartes
anglaises imprimées à Sydney.

« *Le 15 juin*, nous revoyons l'île *Howe*, dans
le sud-est de laquelle s'élève, au milieu de la
brume, un rocher que l'on prendrait pour un
gigantesque obélisque.

« *16 juin à midi*, ouragan de grêle : je n'a-
vais jamais vu de pareils grêlons ; j'en ai pesé un
d'une demi-once.

« *17 juin* : Nous passons près des récifs de
Seringapatam et d'*Elisabeth*, sur lesquels nous
aperçûmes un navire démâté. Ces récifs sont les
premiers jalons qui doivent nous guider dans la
route que nous allons parcourir.

« *22 juin* : Ilot Catau, banc de sable de très-petite étendue, avec quelques varechs. Le navire qui a découvert ce banc et lui a donné son nom, s'est perdu sur un autre récif.

« *26 juin* : Le temps s'est embelli ; nous marchons vent-arrière avec une vitesse de 9 à 10 milles à l'heure. Les nuits sont très-noires ; on ne distingue rien... Eh bien, au petit bonheur !

« *27 juin* : Le détroit de Torrès est fermé à à l'est par une barre non-interrompue de récifs qui court nord et sud, d'environ 60 lieues de long. Il y a deux entrées, l'une au nord, l'autre au sud ; nous prenons cette dernière, elle est plus large, plus pittoresque et plus courte, trois avantages qui doivent la faire préférer. Nous pensons voir demain *Eastern-Fields*, à l'entrée de la passe. — Je lis dans une instruction publiée à Sydney pour la navigation du détroit, par le capitaine Blackrood du *Sly-Ship* de S. M., que le marin qui s'engage dans le détroit de Torres doit être un « *Careful seaman and competent navigator,* » un véritable homme de mer et navigateur pratique. Heureusement que rien de tout cela ne manque au nôtre.

« *28 juin* : Nous avons couru toute la nuit et la brise devenue très-fraîche, nous n'avons pu doubler *Eastern-Fields*. Vers le soir, on signale *Port Locks Reefs*. C'est le commencement de cette myriade d'ilots, de bancs et de récifs dont le détroit est semé. A 8 heures, nous mettons en panne.

« *29 juin* : A 5 heures du matin, on reprend la route à l'ouest : *Anchor Bay* et *Darnley*, terres assez élevées, comparativement à celles que nous avons vues jusqu'ici, sont comptées parmi les plus grandes îles du détroit. — *Stephen*, dont le récif extérieur a 5 milles de long et qui est à sec à marée basse, vient se joindre à la petite île *Campbell*. — Nous mouillâmes devant *Cocoa Nut*, l'île des cocos. Toutes ces îles sont boisées ét peu hautes; une grande quantité de cocotiers en bordent les rives; presque toutes sont habitées par des sauvages de race australienne. A *Cocoa Nut* nous avons vu un petit village dont les cases avaient la forme de ruches à miel.

« *30 juin*: Nous avons dérapé. On avait mouillé par 14 brasses de fond d'argile et de coquilles brisées. — Nous continuons notre route comme hier au milieu des terres; nous sommes dans une véritable impasse et pourtant nous avançons toutes voiles au vent, ayant en vue le mont *Adolphus* qui fait partie du groupe d'*Yorck* aussi élevé que *Darnley*. Nous apercevons en même temps la terre-ferme d'Australie.

« Nous voilà enfin sortis du détroit de Torrès par la passe d'*Endeavour*: la perspective est des plus intéressantes; à babord et à un quart de mille, sont les îles de la Possession, charmant groupe de petites terres verdoyantes et fleuries, dont quelques-unes ne sont guère plus grandes que deux ou trois longueurs de notre navire; dans le dernier plan, les terres fuyantes de l'Australie se perdent dans la brume; à tribord, des îlots inconnus, à peine indiqués sur les cartes; par instant, en fixant l'horizon, on peut voir s'esquisser imperceptiblement dans le nord quelques vagues linéaments. C'est la Nouvelle Guinée. Nous mouillâmes encore ce soir, et probablement pour la dernière fois.

« *31 juin* : Nous filons entre les îles *Wallis*, les dernières du détroit d'Endeavour et à 8 heures du matin nous entrons dans la mer de la Sonde. Le détroit d'Endeavour est dangereux; il faut y naviguer en sondant; nous avons passé par 3 brasses 1/2 ou 18 pieds de fond, et le navire n'en cale que 12 1/2 !

Du 1er juillet 1851. au 3.

En mer et bonne route.

« Si l'*Arche d'Alliance* n'était pas un aussi saint navire je dirais qu'elle a le diable au corps. Sa marche est de 10 milles à l'heure et s'est toujours soutenue ainsi depuis trois jours.

10 juillet.

« Nous sommes en vue de *Sumbava*, grande île séparée de Lombok par le détroit d'*Allas*. On y remarque un volcan en pleine activité, qui, dans l'éruption de 1832, a fait de grands ravages sur cette terre. Nous découvrons déjà sous le vent le pic de Lombock, (8800 pieds d'altitude).

11 juillet.

« Nous longeons la côte de Lombock qui est très-accidentée et couverte de végétation. A 10 heures nous entrons dans le détroit de Lombok qui sépare cette île de celle de Baly ; au milieu de l'entrée se trouve l'île de Bandetti.

Lombok.

Le courtier chinois.

« Lombok fait un commerce assez considérable de riz pour Java, Bourbon et la France. Comme tout appartient au Rajah, il charge un

courtier de la vente moyennant une redevance
qui varie suivant l'importance des affaires. Le
courtier actuel paye sa charge 15,000 piastres.
Les négociants et capitaines ont en outre un courtier à eux. C'est un Chinois qui est le nôtre :
curieuse figure osseuse, aux pomettes saillantes,
aux yeux bridés et d'une mobilité remarquable,
elle pétille d'intelligence et de ruse. Type à
peindre ; ce courtier est tout long, agile et sou-
ple comme un serpent ; il est fort riche et discu-
tera une heure pour gagner un *pétis*. J'ai vu
vingt fois notre capitaine impatienté par ses len-
teurs et ses détours, sur le point de rompre un
marché. Sa douceur, ses prévenances obséquieu-
ses et son sourire, qui ne se démentent pas un
instant, démonteraient la patience la plus exer-
cée. Si on lui refuse ce qu'il demande, il a des
larmes à son secours, il gémit en criant qu'on
lui retire le pain de la bouche et en même temps
il vous saignerait jusqu'à la dernière goutte en
jurant par ses ancêtres que la misère est grande
et qu'il gagne à peine pour vivre. — C'est le juif
élevé à la dixième puissance.

« Lombok, en outre de sa végétation, est
admirablement cultivé. Les plaines sont couvertes de rizières disposées en pentes et arrosées
par des sources venant du haut pays. La mon-
naie la plus usitée dans l'île est la piastre d'Es-
pagne et les dollars américains. Pour les menus
achats on a le *pétis* qui n'est autre que la sapo-
que chinoise, dont 1,400 font la piastre. C'est
fort embarrassant : avec deux piastres de mon-
naie, un honnête homme en a la charge d'un

âne, aussi est-on dans l'usage d'avoir un domestique pour porter sa bourse.

Le Rajah. « Le Rajah est le souverain maître de Lombok ; son gouvernement est des plus despotiques. Nul ne s'assied sur un siége aussi élevé que le sien. Il donne ses audiences en plein air, à la porte de son palais. Ses intimes seuls sont reçus dans l'intérieur. MM. Freiss et Secreton, riches anglais établis à Lombok, sont les uniques étrangers qui aient encore osé s'asseoir à côté de lui. M. Secreton vit avec une chinoise que le Rajah lui a cédée pour un chien. Quand le Rajah est malade, il fait semer des bambous sur le chemin qui mène à son palais ; si quelqu'un ose s'avancer, il est impitoyablement assommé. En tout temps, il est défendu de traverser à cheval la résidence de ce despote.

« On doit observer dans ce pays la plus grande circonspection avec les malais. Les femmes sont *Taboues ;* quiconque en toucherait une, s'exposerait à un coup de *Kriss*. Le caractère de ce peuple est un mélange de fierté ou plutôt d'orgueil et de bravoure. Le Malais est vindicatif et rusé à l'excès. Un *ida* (1re classe de la noblesse), qui vint à bord, ne voulut jamais entrer dans la chambre parce qu'on pouvait être au-dessus de lui en marchant sur la dunette. Ces gens là feront un détour d'une lieue pour ne pas passer sous un balcon. La plus grosse insulte qu'on puisse faire à un malais est de lui toucher la tête.

Le Kriss. « Le Kriss, ce terrible poignard du pays, joue un grand rôle dans les affaires publiques et pri-

vées. C'est le glaive de la justice et l'instrument
des vengeances. La lame en est toujours finement
trempée. Les fabriques de kriss les plus renom-
mées sont celles des *Battaks* de Sumatra, des
Dayaks de Bornéo et celles des naturels des
Célébes. Cette lame affecte une multitude de
formes, il y en a de flamboyantes, de droites, de
recourbées ; elles sont souvent empoisonnées
avec des sucs caustiques de plantes vénéneuses
qu'enfante le climat brûlant de la Malaisie ; il en
est dont la simple piqûre donne la mort presque
instantanément. — Le kriss est aussi une arme
de luxe, la poignée et le fourreau sont plus ou
moins ornés, faits de bois précieux, suivant la
richesse du propriétaire. Le Rajah de Lombok
en possède un dont le fourreau est en or massif
et la poignée enrichie de pierreries. Il a coûté
5.000 piastres. En un mot, c'est fin, brillant,
magnifique ; mais ça tue.

Le Vérak.

« Le Rajah a un visir qui s'appelle *le Vérak*.
Nous le vîmes un soir chez M. Freyss. C'est un
homme de 55 à 60 ans, de taille moyenne, à
moustaches blanches assez fournies, ses yeux
sont injectés, son regard est brillant et aigu
comme celui d'un tigre et pourtant on remarque
beaucoup de bienveillance dans ses traits. Ce
Vérak remplit, à Lombok, les fonctions de grand
juge. Quand un crime a été commis, vol, adultère ou assassinat (d'une classe supérieure à une
inférieure, le meurtre n'est pas réputé crime et
un *Ida* peut tuer un *Gusti*), on s'empare du cou-
pable et on l'amène devant le juge, dans la mai-

son de l'accusé. La peine de mort est toujours le résultat de la condamnation. Le premier venu exécute la sentence avec son kriss. Chacun se dispute cet honneur, c'est le moyen d'essayer sa lame. Ces exécutions expéditives ont lieu sur le bord de la mer, à peu de distance d'Ampanam. Les cadavres restent gisants sur le sol et deviennent bientôt la proie des chiens, d'affreux chiens malais, jaunes, sans queue et difformes, de vrais incarnations du démon.

« Cependant, on ne tue pas toujours avec le kriss. Pour l'adultère on noie : la femme et son amant sont liés ensemble et on les jette à l'eau.

« Quelquefois le Vérak a des fantaisies et se plaît à inventer un nouveau supplice. Il lui est arrivé de condamner deux femmes à être dévorées par les caïmans ou bien de faire écorcher un pauvre diable qu'on suspend ensuite par la peau retournée jusqu'à mi-corps et ramenée sur la tête comme un sac, jusqu'à ce que mort s'en suive.

« Et ce Vérak a une charmante petite fille qui lui tire la moustache, qu'il fait sauter sur ses genoux, qu'il dévore de caresses, à laquelle il lave la figure avec la plus parfaite bonhommie. Ce Vérak nous a reçus chez lui avec une grande affabilité, nous a offert à déjeuner, nous a porté la santé avec du vin de France......... Qu'on arrange ça comme on voudra.

« En me rappelant cette petite fille que le Vérak de Lombok aime tant, dont il raffole et qu'il dévore de caresses, je n'ai pas entendu parler de baisers et je dois ici une explication :

Les caresses des Malais.

« Les Malais donnent à leurs enfants des noms de fruits et de fleurs. Dans la langue malaise, pour exprimer les caresses d'une mère, d'un père ou d'un amant à ses enfants ou à une femme, le verbe *baiser* n'existe pas, c'est le mot *Ajûm* qu'on emploie, dont la signification littérale est *sentir, respirer*. Ainsi, on ne baise pas une petite fille, une amante, on en respire le parfum comme d'une fleur que l'on sent. Une Malaise rougirait et ne comprendrait pas cette sorte de caresse du bout des lèvres ; elle dirait : « *Que me veut donc cet homme . . . . . ?* » Il y a quelque chose de plus suave, de plus éthéré : c'est cette aspiration de l'homme auprès d'une jeune fille dont l'odorante haleine vient se mêler à l'air qu'on respire. Les Malais sont de cet avis ; ils respirent la femme ; leurs manifestations amoureuses sont, vulgairement parlant, une sorte de *reniflerie*.

Le Bétel.

« L'usage du Bétel est tellement ancré dans les habitudes malaises, qu'un Malais sans sa chique est aussi impossible qu'un gouvernement sans mécontents ou la rencontre de deux parallèles. Le malais chique en marchant, en parlant, à peine suspend-il de chiquer pour manger et souvent il chique encore en dormant. Depuis les enfants de 12 à 14 ans, jusqu'aux femmes, tous ont cette affreuse coutume. C'est un dégoutant spectacle ; les lèvres sont couvertes d'une écume rougeâtre ; les dents sont noires et décharnées, les gencives sanglantes. La noirceur des dents est considérée comme une beauté chez ce peuple qui méprise les dents blanches, et les appelle dents de chien.

« Le Bétel pour chiquer se compose de plusieurs ingrédients :

1° Des feuilles aromatiques du Piper belle.

2° De noix d'Arek.

3° D'une gomme appelée *Gambie*, qui provient de la décoction des feuilles d'un arbuste.

4° De chaux.

5° De tabac.

Le tout enveloppé de feuilles de Bétel.

Karang-Alsem.

« Nous avons visité aujourd'hui la merveille de Lombok. Le Vérak s'est montré d'une gaîté charmante et nous a servi lui--même de Cicerone. A 6 heures du matin, nous sommes partis à cheval nous dirigeant sur Mataram. La route qui y conduit est magnifique : c'était une avenue de grands et beaux arbres d'une belle élévation, dont les branches formaient une voûte de feuillage au-dessus de nos têtes. Ces *Varinas*, espèces de Banians ou arbre des Pagodes avaient un aspect tout particulier ; des branches qu'ils projetaient et de la partie supérieure de la tige descendaient des lianes couvertes de fleurs qui répandaient les plus doux parfums.

« Nous arrivâmes a Mataram au bout de deux heures et mimes pied à terre chez le Vérak pour déjeuner. — Une sorte de portique en briques rouges s'élève devant sa demeure et donne entrée sur une esplanade plantée d'arbres fruitiers au milieu desqnels sont les cases des esclaves. On reconnait l'habitation du Vérak à un édifice qui la précède. C'est dans ce premier vestibule qu'il rend la justice ; contre les murs s'étalent les

marques de sa dignité, des lances de toutes
sortes et des instruments de supplice. — Nous
prîmes là notre repas, et après une heure de
repos, le Vérak nous guida vers *Kurang-Alsem*,
que nous atteignîmes en demi-heure. — Notre
hôte montait un beau cheval avec beaucoup d'ai-
sance et de vigueur. Il était suivi de deux malais,
dont un était son porte-feu et l'autre son pour-
voyeur de bétel. — La route est des plus curieuses et le paysage d'un grandiose magnifique. A
droite et à gauche, une forêt de beaux arbres
que les lianes rendent impraticable, mais où il y
avait parfois des éclaircies qui laissent apercevoir de belles cultures, des prairies couvertes de
troupeaux de buffles. L'aspect de ces terrains
boisés, qui alternaient avec cette riche campagne, était encore varié par les hautes tiges des
bambous. C'était tantôt un rideau de verdure qui
s'étendait des deux côtés de la route, tantôt des
échappées à perte de vue.

« Enfin, nous arrivâmes à cette merveille qu'on
a nommée Kurang-Alsem, palais abandonné où
tout dénote une antique décadence : des arbres
séculaires, croissant encore à pleine sève dans
des parcs délaissés, des cours silencieuses, remplies d'herbes sauvages, des eaux verdâtres
croupissant dans des bassins. — Nous nous pro-
menâmes longtemps sous l'ombrage des jardins
qui entourent ce vieux palais solitaire et qui
paraissait avoir été dessiné avec art et beaucoup
de goût. Le Vérak nous fit remarquer de belles
fresques peintes sur les murs extérieurs d'un
ancien pavillon isolé. Ce sont des représentations

grotesques très-bien exécutées où chaque personnage fait une grimace, chaque geste une contor-
sion. Nous étions émerveillés devant tout ce luxe
extravagant. Nulle part à Lombok, on ne trouve
des traces de chefs-d'œuvre pareils. Quelle était
donc cette époque brillante qui avait vu s'élever
ces constructions ? Quel fut l'artiste et l'ordon-
nateur de cette demeure princière, ensevelie
aujourd'hui dans l'oubli ? Le nom du glorieux
Rajah qui habita ce beau palais est resté ignoré.

26 août 1851.
Expédition nocturne.
(La tête colossale.)

« La veille de notre départ de Lombok, je mis
fin à une entreprise que j'avais méditée depuis
plusieurs jours. J'avais découvert pendant une
de mes courses, à un mille ou deux d'Amparram,
et dans un ancien cimetière, un objet d'antiquité
à demi caché sous des ronces. C'était une tête
énorme, sculptée, en bois dur, avec beaucoup d'art
et qui paraissait avoir appartenu à une divinité
colossale. L'expression du visage indiquait quelque chose de bestial et de goguenard à la fois ;
le rictus, qui fend la bouche, laissait voir des
dents fabuleuses, avec défenses de sanglier qui
lui donnaient un caractère étrange. — Je résolus
de m'en emparer, mais bien que le lieu où gisait
cette tête fut abandonné, je ne voulais pas le
faire en plein jour et je choisis une nuit obscure.
J'avais engagé le capitaine et mon ami Mirandol
à m'accompagner, l'un armé d'une hache, l'autre
d'un Kriss et moi d'un revolver. Nous partîmes
et nous avançâmes jusqu'à une petite rivière qui
nous séparait de l'objet tant désiré. Je savais
qu'elle était peu profonde ; mais l'obscurité me

trompait : il avait plu quelques jours auparavant
et le cours d'eau avait grossi. Le capitaine et
Mirandol s'étaient arrêtés sur la rive et moi,
arrivé hardiment au milieu de la rivière, je per-
dis presque pied. Toutefois, je continuais d'avancer l'amour-propre aidant, car mes compagnons
se riaient de moi. Enfin je franchis le pas et
m'emparai de la tête. Mais le plus fort n'était pas
fait ; il fallait repasser l'eau chargé de cette
lourde chose avec un soulier de moins que j'avais
laissé dans la vase. Je n'hésitai pas à prendre
ce second bain, et parvenu à l'autre bord, je
montrai triomphant ma capture à mes amis. —
De retour à la ville, la tête colossale fut bien
séchée et lustrée ; elle figurera parmi les plus
cnrieuses pièces de mes collections.

27 août 1851.
En mer.

« Nous sommes partis de Lombok pour
Sidney et nous voilà en vue du détroit de Bass. »

15 octobre 1851.
En mer.
Antipathies natio-
nales.

L'*Arche d'Alliance* mit **33** jours pour
se rendre à Sidney sans toucher à aucune
terre. Durant cette longue traversée, notre
jeune voyageur eut tout le temps de se
livrer à ses réflexions et laissa un libre
cours à ses pensées. — Je trouve dans son
journal, sous la date du 15 octobre, parmi
les passe-temps de l'auteur, un gracieux
dialogue, c'est une scène de son invention
sur les antipathies nationales. Il a soin de
nous prévenir qu'elle se passe à Paris,

« *dans une petite rue qui avoisine celle de Saint-Martin, entre deux de ces marchands aisés qui forment la majeure partie des petits bourgeois, bons pères de familles, du reste, gardes nationaux zélés toutes les fois qu'il ne pleut pas, bons citoyens et conservateurs quand même.* »

« 1ᵉʳ BOURGEOIS. — Ah! vous avez voyagé, Mossieu.

2ᵐᵉ BOURGEOIS. — Oui, j'ai été dans le Midi.

1ᵉʳ BOURGEOIS. — Vous avez vu Marseille, peut-être !

2ᵐᵉ BOURGEOIS. — Je crois bien, et Cette et Montpellier.....

1ᵉʳ BOURGEOIS. — Ah ! vraiment ! ça doit être bien curieux un port de mer..... Ah ! moi, ma femme et puis les enfants..... Vous sentez, après moi, il n'y a plus personne qui tienne la boutique.

2ᵐᵉ BOURGEOIS. — Eh ! mon Dieu, mon pauv' Mossieu ! mais je vous assure, il n'y a pas grand danger; on voyage maintenant avec assez de sécurité en France. Eh ! que diriez-vous donc si, comme moi, vous aviez un frère qui ait été en Afrique ? C'est ça un voyage !

1ᵉʳ BOURGEOIS. — Que me dites-vous là..... en Afrique ?..... passer la mer..... vot'frère ! votre propre frère ! ah, mon bon Mossieu! et vot'mère, qui a vu partir un de ses enfants ; ah, Mossieu, la pauvre femme ! ah, Mossieu !

2me BOURGEOIS. — C'est vrai, ça été une consternation ; mais que voulez-vous, c'était son idée..... et puis, ça ne fait pas d'mal à ceux qui restent ; on est bien vu, c'est comme un marin dans une famille.....

1er BOURGEOIS. — Un marin! Dieu du Ciel! pauv' gens ! en voilà qui en passent de cruelles ! ah ! Seigneur !..... moi qu'ai si peur du tonnerre ! et ma femme donc qu'est si frileuse !.... pauv' chatte, c'est elle qui serait dans du tracas ! — Tenez, voisin, quand je pense à toutes ces tribulations, on est bien plus heureux d'être tranquillement assis au coin de son feu, à caresser sa femme la semaine et aller, le dimanche, au spectacle quand il fait beau, et si tout ce monde m'en croyait, pas si bête qu'on irait se faire périr sur des vaisseaux qu'il n'en revient pas la moitié. — Bonsoir, voisin, j'vas me coucher, bonne nuit!

2me BOURGEOIS. — « Et vous aussi, voisin, bien des choses chez vous. »

Cette petite scène, bien qu'un peu exagérée, n'en peint pas moins les idées dominantes dans la masse du peuple parisien.

« Je n'ai pas vu un seul français, ajoute mon ami Grasset, établi dans les pays d'outre-mer, qui n'eut la pensée de s'en retourner avant peu en songeant à son foyer avec regret, et dont le plus grand désir, s'il ramassait quatre sous, ne fut de venir les manger dans son village. C'est ce qui fait que la plupart de nos colonies ont l'air de campements. Si elles ne prospèrent pas, n'en accusons que nous-mêmes.

« En Angleterre, au contraire, on émigre sans espoir de retour ; on s'expatrie avec l'idée fixe d'aller s'établir ailleurs. L'Anglais qui quitte sa terre natale, réunit autour de lui tout le confortable possible ; c'est une émigration complète et l'application textuelle du proverbe : *Ubi bené, ibi patria.*

« Les Anglais, il est vrai, ne comprennent pas cette espèce de religion qui nous attache au sol natal, à la chaumière qui nous vit naître, au vieux chêne qui a prêté son ombre à nos premiers jeux et plus tard à nos premières amours. Cette poésie de l'âme entre peu dans leur nature. Nous sommes en France beaucoup trop sensibles, peut-être pour notre époque ; nous n'agissons pas dans l'esprit du siècle ; satisfaits de nous entendre dire que nous sommes la première nation du monde, nous nous occupons peu des progrès des autres peuples et nous nous laissons devancer. »

25 octobre 1851.

Sidney.

« Nous arrivons à Sidney par un temps affreux. Une brume épaisse nous cache la côte ; le vent est d'une violence extrême, mais, peu à peu, l'atmosphère se dégage et nous permet de distinguer assez la terre pour pouvoir nous guider. L'entrée du Port-Jakson a un aspect sauvage : à droite, une grande roche noire comme coupée à pic ; à gauche, une plage de sable et de pierres qui se prolonge vers le sud, et dans le lointain, en face, des montagnes nues et peu élevées. Mais quand on est engagé dans l'intérieur de la profonde rade, de jolis points de vue commencent à se développer et l'on aperçoit de vertes campagnes. Toutefois, cette végétation, des environs de Sidney, est pauvre, comparativement à celle de Lombok, dont nous avons gardé le souvenir, et en général, quand on arrive de l'Inde, l'aspect des côtes de la Nouvelle-Hollande n'a rien de séduisant.

« Mais quoi qu'il en soit, privés depuis longtemps, comme nous étions, des agréments de l'existence, fatigués par de nombreuses privations auxquelles nous autres, pauvres passagers, nous étions peu accoutumés, nous allons trouver à Sidney une oasis où nous oublierons toutes nos souffrances. Depuis trois semaines, le vin, la farine, le thé, l'huile, le sucre, tout nous manquait, l'eau même nous a fait défaut : on nous avait mis à la ration.

« La ville de Sidney, où nous nous sommes arrêtés, est, sous tous les rapports, ce qu'on appelle en Europe une belle ville, avec des rues tirées au cordeau, larges, aérées, de grandes maisons blanches, à plusieurs étages, construites en pierres de taille ou en briques, avec de beaux magasins, de belles églises qui frappent l'attention, car elles sont remarquables par leur grand nombre ; on ne fait pas dix pas sans en voir. Toutes les sectes protestantes y ont la leur.

« Les attelages des voitures sont curieux par leur luxe et leur variété, non-seulement les voitures des particuliers, mais aussi les simples omnibus, aussi soignés, aussi propres que les brillants équipages des plus riches habitants.

« Ce séjour est agréable sans doute, mais

l'activité commerciale absorbe toute espèce de distraction et cette activité se retrouve jusque dans les repas. Pour nous français, le repas est aussi une affaire ; on s'y prépare, il occupe une partie du jour ; c'est une certaine heure et non une autre ; c'est un délassement, une trève aux autres préoccupations, aux affaires ; c'est l'instant des causeries. Mais ces anglais ne savent ni manger, ni causer ; ils ne mangent pas, ils engloutissent ; ils ignorent ces deux jouissances de la vie ; on dirait qu'une force irrésistible les pousse et leur crie sans cesse *forward ! forward !* »

Notre voyageur durant sa courte station sur les côtes de l'Australie, recueillit un fait sur la formation des fourmilières, qu'on rencontre dans ces contrées où la nature se montre si étrange dans ses créations :

Les fourmilières. « Un Irlandais, dit-il, se rendait aux mines ; en passant dans une forêt, il aperçut une vingtaine de cases de cinq à huit pieds de haut, adossées à des arbres. — « Voilà, dit-il à un de ses compagnons, des habitations de naturels. — Vous vous trompez, répondit l'autre, ce sont des fourmilières. Il en existe de pareilles réunies en plus grand nombre et qu'on prendrait facilement pour des villages.

« Ces fourmilières, en effet, ajoute M. Grasset, imitent la forme des huttes ; elles sont circulaires et construites en terre tellement cimentée qu'il faut la hache pour les entamer. Qu'on compare ces constructions aux Pyramides : les hommes ont cinq pieds et les fourmis à peine deux millimètres. Grandeurs humaines !... « *Il faut des monuments aux cités des hommes*, a dit un grand poète, et il a dit vrai, car autrement où serait la différence entre la ville et la fourmilière ? »

Voici une autre observation que l'auteur a consignée dans son journal, à la suite de la précédente :

Les quadrumanes d'Australie.

« Les peuples qui n'ont pas les pieds emprisonnés dans des chaussures s'en servent presque à l'égal des mains. Les naturels de l'Australie lancent quelquefois, avec leurs pieds, des pierres et de la poussière à leurs ennemis pour les aveugler. Ils dédaignent nos souliers parce qu'ils font du bruit et privent les pieds de tous leurs avantages. Une de leurs chansons le dit : « *Sur la terre, l'homme blanc marche avec des souliers qui craquent, — mais l'homme blanc ne peut monter sur les arbres ni se servir de ses doigts.* »

13 novembre 1851.

En mer.
Réflexions et Réminiscences.

« Presque tous les noms indigènes que l'on a conservés aux îles et aux peuples découverts modernement ont été singulièrement altérés et défigurés. Ainsi, sur bien des cartes, *Upulu*, du groupe des Samoa, se trouve marquée *Oialaoa*. Il n'y a pas l'ombre de rapport entre ces deux noms. Voici probablement ce qui aura donné lieu à cette erreur dans le premier temps de la découverte :

« Le navigateur en arrivant interroge un sauvage et lui demande, comment s'appelle cette ile ? — et le sauvage répond : *Upulu.* Le navigateur répète *Upulu?* et le sauvage lui dit : *Oialava* (c'est bien ça), traduction littérale ; mais le navigateur ne comprenant pas le langage, aura cru que ce n'était pas *upulu*, mais *oialava.*

« Les îles *Alofa* et *Futana* sont connues généralement sous le nom d'îles *Alonfatou*, qui, dans la langue des indigènes signifie mot à mot : *mon cœur est à toi.* Comme les habitants de ces îles sont extrêmement doux et bienveillants, c'est avec cette expression qu'ils accueillent les étrangers, et ceux-ci ont donné cette dénomination aux deux iles. — Tout le monde sait maintenant que l'on ne dit plus *O-Tahiti*, mais *Tahiti. O-Tahiti* signifie *c'est Tahiti.* »

Notions sur l'Anthropophagie. « Nous causions hier soir des anthropophages et de leurs coutumes ; il y a encore grand nombre de peuplades qui se nourrissent de chair humaine. Le P. Roudaire nous a donné à ce sujet de curieux renseignements.

« Voici ce qui se pratique aux îles Fidji ou Viti :

« On commence par laver le corps, mais on entoure toute la tête de feuilles de bananier, afin de la préserver autant que possible. On pratique ensuite une incision du creux de l'estomac jusqu'au bas ventre par laquelle on fait sortir les intestins qui sont remplacés par du taro et des ignames. Le tout, ainsi farci, est cuit avec des pierres chaudes, usage commun à toute la Polynésie pour la cuisson des aliments. — Quand le corps est à point et les chefs assemblés, on découvre la tête et les cheveux ; la victime est accroupie les mains sur les cuisses, selon l'usage kanac. Un piquet sert d'appui ; Il y en a quelques fois trente ou quarante quand les prisonniers de guerre ou les morts dans le combat ont été nombreux.

« On débute par un *Kava* ; à côté du chef qui préside est le *Tufa*, écuyer-tranchant, puis le peuple et les invités rangés en cercle. Au centre, faisant face au chef, sont les victimes. Le Président ouvre la séance par un speech culinaire, dans lequel il développe habilement les qualités de telle ou telle victime, les raisons qui doivent faire préférer certaines parties, comme par exemple, l'œil à moitié cru, le sein d'une femme ; la plante des pieds et la paume des mains grillées sont particulièrement recherchées. — Quand il a fini, on applaudit, on pousse des cris de joie, puis chacun s'adresse au *Tufa* qui découpe les morceaux demandés.

« Il y a à Fidji un chef qui a une espèce de Parc aux Cerfs qui lui sert à deux fins. Les femmes passent de la natte conjugale à l'abattoir. La chair humaine dans toute la Polynésie est *Tabou* pour les femmes. »

14 novembre 1851.
En mer.

« Nous devons débarquer à Tikopia, ce bon P. Roudaire qui va s'établir sur cette petite île

presque inconnue, n'ayant que des notions vagues
sur ses habitants, sachant tout juste qu'ils ne
sont pas anthropophages. Mais voudront-ils le
recevoir! C'est ce qu'il ne sait pas et pourtant il
va s'y faire débarquer avec ses malles, absolu-
ment comme chez lui ; il va s'y installer à ses
risques et périls. . . . . . .

20 novembre
Ile des Pins.
(Kunié)

« Quelques naturels viennent à bord : cheveux
crépus, peau noir de suie. Ils se mettent de la
chaux dans les cheveux comme aux îles Samoa ;
pour la conformation du corps, ils ressemblent
aux belles races polynésiennes ; leurs membres
sont vigoureusement musclés; ils doivent être
terribles dans la colère. Les hommes et les femmes sont nus, car on ne peut donner le nom de
vêtement à l'étroite ceinture qui ceint les reins
des femmes et aux oripaux dont les hommes
affublent ce qu'il serait beaucoup plus simple de
cacher.

27 novembre.

« Nous partons de l'ile des Pins pour aller
compléter notre chargement à Anatom (Nou-
velles-Hébrides).

30 novembre.

« Nous chargeons à Anatom 30 quintaux de
bois de Sandal. — Anatom, la dernière île de
l'archipel, est plus grande, plus accidentée et
plus pittoresque que l'île des Pins. J'ai complété
à Anatom une observation que j'avais faite et à
laquelle j'attache une certaine importance : c'est
que la différence des chevelures entre les divers
peuples de l'Océanie suit la gradation des races.

Ainsi à Hawaï, l'archipel le plus au nord de la Polynésie, les naturels ont les cheveux plats ; à Tahiti, ondulés ; en allant vers l'ouest, aux îles Samoa, frisés ; en continuant vers l'Australie, à Fatuna, floconeux ; à la Nouvelle-Hollande, laineux ; dans les îles habitées par la race qu'on est convenu d'appeler *Négro-océanienne*, les cheveux sont crépus.

8 décembre.

« Nous sommes partis hier d'Anatom et nous voilà en vue de l'île d'Eronam, qui a la forme d'un cône tronqué.

13 décembre.

« Nous abordons l'île de Tikopia par le même côté que l'*Astrolabe*. Le dessin que M. D. d'Urville en a donné est fort exact. C'est aussi boisé qu'aucune terre que j'ai vue, et couvert de cocotiers. Une pirogue nous accoste et huit hommes montent à bord : Ils sont grands, bien faits ; expression intelligente, front large, yeux brillants, plus beaux qu'aux Samoa ; leur peau est plus blanche que celle des autres peuples de la Polynésie et leurs cheveux, qu'ils portent longs et plats, reçoivent de la chaux les teintes les plus variées. Il y en a de bleus et de violets.

29 décembre.

En mer.

« Nous avons repris la mer depuis hier : l'ennui recommence encore. Je le sens, j'ai besoin de me retremper dans une autre existence. Quelle que soit l'intimité qui règne entre les personnes qui vivent à bord d'un même navire ; quelle que soit même l'amitié qui vous lie, il arrive un moment où tout cela pèse et devient à charge. A la mer tout y contribue, le caractère s'aigrit; on y est quelquefois tellement nerveux, que cet état suit les phases de la température. Pour un oui, pour un non, ce sont des discussions sans fin qui dégénèrent en disputes ; chacun s'y laisse entraîner. — Pour moi, la solitude est aussi bien dans l'absence de tout être que dans ce milieu d'individus qui ne se renouvelle pas. Il faut un entourage sympathique et intelligent pour que l'esprit s'y développe. On a bientôt, dans un milieu étroit, parcouru le cercle des connaissances que chacun possède. Comme la plante isolée, on a bientôt pompé tous les sucs nourriciers, et quand ils sont épuisés, l'esprit s'étiole aussi et dépérit. La vie est l'échange social avec ses semblables ; rien ne prospère dans le vide. »

Du 31 décembre 1851 au 1er janvier 1852.

En mer.

« Un pas dans le passé, un pas dans l'avenir ! Le présent est insaisissable..... cette heure est solennelle, mais pleine de tristesse. Dans un an que de changements ont lieu ; les uns naissent, les autres meurent, aucun n'échappe à la loi immuable du destin ; ceux qui naissent sont bientôt confondus dans la foule ; il ne reste à ceux qui meurent que les mystères de la tombe, puis l'oubli ! »

Il est minuit : l'heure qui tombe
Tresse un berceau, creuse une tombe !
C'est l'heure où le serpent se mord.
C'est l'A B C de notre vie ;
Toute heure d'une autre est suivie ;
Alpha supplante *Omega* mort.

Quel nom donner à cet atôme,
Zéro de temps, mythe ou fantôme,
Entre deux néants emporté ?
Hier n'est à l'heure où nous sommes,
Pas plus que *demain* pour les hommes.
C'est un point dans l'éternité !

Nul ne sait si l'instant qui passe
Disparait sans laisser de trace
Au cadran des formations....
En vain nous comptons nos années,
Elles meurent à peine nées,
Hier ... demain ... illusions !

Tout se meut dans un cercle immense
Au centre duquel tout commence.
Pivot où tournent tous les jours,
Point où se fixe l'œil des sages,
Point d'intersection des âges,
C'est le *présent* et c'est *toujours*.

Le monde suit ses destinées ;
Dieu n'a pas compté les années
Depuis qu'il lui donna l'essor ;
Pour lui le temps est chose vaine ;
Il ne créa qu'une semaine,
Le septième jour dure encor !

29 janvier 1852.

En mer.

« Nous sommes en vue du Japon ; les côtes sont embrumées et nous pouvons à peine distinguer leur contour. Pourtant nous sommes tous sur le pont, les yeux avidement tournés vers ce pays dont on raconte tant de merveilles. Mais le rideau de brume est là qui nous voile l'horizon. Victor Hugo a dit avec beaucoup de justesse : « *C'est déjà une chose curieuse qu'un mur derrière lequel il se passe quelque chose.* »

« Nous voilà maintenant au milieu de petites îles dont l'amiral Cecile a relevé la position et donné une fort belle carte. Ce groupe porte le nom de l'amiral. Il est au nord des îles *Sieou-Kieou* et fait partie de cet archipel qu'il sépare du Japon.

3 février.

En mer.

« La mer jaune est bien réellement jaune ; le vert sale d'hier matin n'était qu'un avant-goût de la couleur d'aujourd'hui.

6 février.

En mer.

« On aperçoit la roche qui est à l'entrée du *Yang-tsé-Kiang*. Il y a trois mois que nous sommes partis de Sidney !.

7 février.

A midi arrivée en Chine.

« Nous sommes dans le fleuve. Un pilote chinois vient à bord et demande au capitaine 40 *duros* pour le conduire à Chang-hay ; on lui en offre dix et il accepte.

Le fleuve est couvert d'une innombrable quantité de jonques et de bâteaux chinois de toute espèce. Il y en a de rouges, de violettes ; c'est historié comme des joujoux de carton ou de bois que l'on donne aux enfants.

« Voici l'entrée du Wosung ; la marée nous oblige d'y aller mouiller au milieu des jonques et de quelques navires anglais qui servent de magasins d'opium.

« Nous avons là devant nous ces formidables batteries de 160 pièces de canons, dont les Anglais ont fait sonner si haut la prise. On en voit encore trois ou quatre disséminés çà et là, et plus terribles certainement pour les artilleurs que pour les ennemis. Quant aux retranchements, ils se bornent à un petit mur de pain d'épice, de

trois à quatre pieds de haut avec des meurtriè-
res. C'est l'histoire des bâtons flottants.

Chang-hay.
(Les anglais écrivent
Schang-haï.)

« Enfin nous voilà bien en Chine, à Chang-hay
où nous devons faire un assez-long séjour. Peut
être aurai-je le temps de visiter la grande ville
de *Sou-Tcheou* (Kiang-sou), que divise le canal
impérial qu'on atteint par le lac de Tay, situé à
côté de Chang-hay.

21 février 1852.

« M. Kleskouski, interpréte du consulat, nous
propose d'aller voir Mᵍʳ Maresca ; évêque de
Chang-hay. Il réside à Tapiko, faubourg de la
ville chinoise qu'il faut traverser dans toute sa longueur. Nous avions avec nous un personnage que
nous primes d'abord pour un chinois portant
queue , moustaches et mouche , tournure gracieuse d'un vrai lieutenant de voltigeurs. C'était
le P. Lemaître, procureur de la mission des
jésuites, un homme charmant, fort gai, aimable
et prévenant.

**Les chaises à por-
teurs chinoises.**

« Vers une heure, on amena six chaises ;
c'était une gracieuseté de notre consul qui nous
envoyait ses équipages. Une chaise est simple-
ment une boîte rectangulaire en bambou, attaché
sur deux brancards du même bois, que deux
chinois chargent sur les épaules. Au bout d'une
heure d'emboitement, on ne peut plus remuer ni
bras ni jambes ; il semble qu'on a été incrusté
comme une mosaïque. Néanmoins il faut convenir que les porteurs sont plus à plaindre que les
portés. Le temps était froid et ces malheureux

ruisselaient de sueur. Je ne saurais m'habituer
à considérer des hommes comme des bêtes de
somme et j'éprouve pour ce mode de transport
la plus grande répugnance. Il paraît du reste
que le métier de cheval n'est pas plus pénible
qu'un autre. Dans l'Inde, pays des Nababs, on
ne voyage qu'en palanquin ; mais le palanquin
est une véritable chambre, où l'on peut écrire,
lire, manger et dormir. Il y a toujours huit hommes pour le service d'un palanquin, quatre s'y
attellent et se relaient tour à tour, ceux qui ne
portent rien suivent comme dans la chanson de
Marlborough. Leur vitesse est celle du grand
trot d'un cheval et ils parcourent de ce train de
très-grandes distances.

Ville chinoise.

« Nos hommes étaient extrêmement adroits et
j'ai admiré la sureté et l'aplomb de leurs pas,
car il en faut beaucoup pour circuler, même à
pied, au milieu de ce fouillis d'hommes et de
choses les plus hétérogènes du monde. On ne
saurait se figurer ce que c'est qu'une ville chinoise avec ses maisons basses et obscures, ses
rues dont la plus large l'est moitié moins que la
plus étroite de celles du vieux Rouen. C'est dans
ces couloirs, à peine pavés de dalles défoncées,
pleins de fange et d'immondices, véritables cloaques, que se pousse, se presse, se heurte en tous
sens une population innombrable qui crie, hurle
et vocifère comme en un jour d'émeute.

« On y voit des marchands qui étalent toutes
sortes de dégoûtantes choses qu'il faut être Chinois pour aimer ; pâtisseries au sucre et au lard

rance, trépang desséché, qui présente une affreuse
image à l'esprit, œufs verts et infects, poissons
hideux sous toutes les formes et à tous les degrés
de décomposition. On y voit aussi des cafés am-
bulants où les habitants du céleste empire viennent se saturer d'opium jusqu'à ce que tout y passe
fortune, maisons, femmes et chemises (en suivant la progression). Mais ce qu'on y voit surtout, ce qui grouille de toute part, ce qui surgit à
vos pieds, ce qui s'agite dans la boue comme des
animaux immondes dans ces eaux verdâtres qui
baignent ces vieilles ruines, ce sont des mendiants
hideux étalant effrontément d'horribles plaies
béantes et gangréneuses, ou portant en sautoir
leur pied desséché, suspendu a une corde. Ils
sont là tout un peuple, hommes, femmes et enfants, nus où à peine couverts de lambeaux, de
nattes, sâles, puants, dévorés de vermine. Non,
jamais Callot n'a trouvé de pareils types ; on se
croirait au milieu d'un cauchemar, car il y a de
ces figures qu'on ne voit qu'en rêve. J'étais aba-
sourdi, j'avais le vertige et seul dans ma chaise,
je voyais défiler toutes ces choses étranges comme
une fantasmagorie.

« Nous n'avancions plus que lentement et à la
file les uns des autres ; la foule s'écartait devant
les trois couleurs nationales que nos coolees
portaient au bonnet, et un jeune chinois de 12 à
14 ans, appartenant à M. Kleskouski, marchait
en tête en éclaireur, et, tout fier de son emploi,
il prodiguait des coups de poings aux retardatai-
res qui se reculaient bien vite avec tous les
signes de l'humiliation. Ce n'est pas qu'ils eus-

sent envie au fond du cœur, peut être, de faire payer cher au gamin ses bourrades, mais en public, ils devaient respecter le serviteur du Talaiou (du consul), son second lui-même. J'étais révolté de cette conduite, et je le fus bien davantage quand j'entendis des gens, humains et bons d'ailleurs, établir en principe que pour être respecté des Chinois, il faut s'en faire craindre. Un homme du peuple en Chine, un homme de peine, ce qu'on appelle un coolee, est un être passif ; on le frappe, on le rixe, on le maltraite de toutes les manières sans qu'il songe seulement à s'en plaindre. L'esclavage l'abrutit. Il y a à Chang-hay quinze cents européens qui frappent et bâtonnent un million de Chinois qui se laissent faire. Je ne sais en vérité quels sont les plus lâches !

Le Taoutai de Chang-hay et son escorte.

« Nous croisâmes en route l'escorte du *Taoutai* de Chang-hay. On eut dit la marche du bœuf-gras, tant c'était ridicule et grotesque. Tout à l'entour de sa chaise, marchaient et paradaient des soldats en jaune et en rouge qui avaient l'air de gardes chiourmes et qui portaient des étendards sur lesquels on lisait nombre d'inscriptions paternelles comme celle-ci : « *Voici l'envoyé de Dieu qui passe, prosternez-vous et tremblez,* » et les Chinois se prosternaient et tremblaient, car le rotin était là. Pour compléter la mascarade, les soldats avaient sur le ventre une plaque où brillait cette devise : *Je suis brave.*

« Ce Taoutai de Chang-hay est un ancien courtier de la maison Jardine et Mattison de Canton, qui a pu voler assez ses patrons pour acheter sa charge 75.000 piastres.

<table>
<tr><td>Maison consulaire de
France à Chang-hay.</td><td>

« Nous visitâmes souvent notre consul à Chang-hay. Sa bienveillance pour ceux qu'il accueille ne se borne pas à de simples protestations ; il ouvre sa main comme sa maison. Il est marié ; mais une femme, c'est toujours le revers de la médaille. — Madame Colette de M***, née Alliot, est une grande, raide, froide, sèche et maigre personne qu'on dirait taillée dans une planche de sapin. C'est au physique et au moral une manière de figure géométrique avec beaucoup d'angles rentrants et sortants. Ce peu de liant et d'aménité dans une maîtresse de maison change en corvée ce qui serait un plaisir. Elle n'a pas daigné une seule fois, pendant notre séjour à Chang-hay, nous confirmer les invitations de son mari, et nous sommes partis sans savoir si notre présence lui avait été agréable ou fâcheuse.

« La maison consulaire se complète d'un chancelier et de l'interprète. Le chancelier, M. E***, est un excellent homme, toujours empressé et toujours complaisant, spirituel et gai, à l'air à la fois débonnaire et malin. Je n'ai entendu personne en dire du mal et c'est son plus grand éloge.

</td></tr>
<tr><td>Le chancelier du Con-
sulat et son chinois.</td><td>

« Ce bon chancelier possède à son tour une ombre qui ne le quitte pas d'une semelle. C'est un grand diable de chinois long, effilé comme une allumette, et qui lui sert de domestique. A les voir ensemble, l'un suivant l'autre, marchant quand il marche, s'arrêtant quand il s'arrête, ce sont deux réjouissantes figures. Ce qu'il y a de

</td></tr>
</table>

plus drôle, c'est que le chancelier ne sait pas un
mot de chinois et que le chinois ne sait pas un
mot d'autre chose. Enfin ils s'entendent, c'est
tout ce qu'il faut. Pour achever, ce chinois est
soldat de l'empereur, précisément peut-être
parce qu'il a la mine la moins guerrière et la
plus bête du monde. Il est en pourparler pour
vendre sa charge de soldat et en demande
30 piastres. Quand je pense qu'en France il m'a
fallu payer 1200 francs pour me faire remplacer !

 « Nous avons été passer quelques jours chez
les PP. Jésuites de Zi-ko-Weï, petit village situé
à trois lieues de Chang-hay, où les Pères ont un
établissement qui a été concédé à la compagnie
il y a environ 200 ans par un empereur de la
Chine, dont on voit le tombeau.

25 février 1852.

Les Jésuites de
Zi-Ko-Weï.

« Nous fûmes reçus non comme des étrangers,
mais comme des amis. Il faisait un froid horrible ;
la neige couvrait les chemins, et, avec l'exiguité
de nos vêtements européens, nous n'étions guère
à notre aise. En arrivant chez les jésuites, on
nous couvrit de manteaux, on nous enveloppa la
tête de bons bonnets fourrés et les pieds dans de
belles pantoufles de soie, doublées de fourrures.
Malgré la température souvent très-froide de
Chang-hay et de ses alentours, il n'y a pas de
cheminées dans les maisons, aussi trouvâmes-
nous que les vêtements dont on nous affubla
étaient très-appropriés à la circonstance : pantalons de drap à larges fonds et serrés à la cheville,
veste en forme de paletot, et par-dessus, une
sorte de robe de chambre fourrée, à larges

manches. Une véritable mascarade dont le confortable faisait alors oublier le ridicule.

« L'établissement des PP. Jésuites à Zi-ko-Weï,
est une espèce de maison-mère où les missionnaires fatigués viennent se reposer et reprendre
de nouvelles forces. C'est aussi un noviciat pour
les jeunes gens nouvellement arrivés d'Europe.
C'est là qu'ils s'instruisent des mœurs, des usages et de la langue du pays, et ce n'est guère
qu'après deux années d'exercice qu'on les lance
dans l'intérieur. — Cet établissement est considérable et embrasse dans ses dépendances un
pensionnat pour les jeunes chinois ; car il est de
bon ton à Chang-Hay d'envoyer ses enfants chez
les Jésuites. Il y a maintenant trente missionnaires dans la maison, sans compter les frères servants, dont deux seulement sont européens.

Diné chinois chez les Jésuites. « Tout le temps de notre séjour, nous avons
mangé au réfectoire, à la table des étrangers, et
c'était un spectacle curieux au moment du *Béné-
dicité* que tous ces Européens, travestis en chinois, debout devant des tables et les mains dans
leurs manches. — L'ordinaire est fort bon :
cuisine moitié chinoise, moitié française ; bour-
geons de frêne au lait, tiges de bambou en salade.
Le cuisinier de la maison était un cordon-bleu.
Nous buvions du vin de riz, qui rappelle un peu
le sauterne. Je ne sais pourquoi on n'en fait pas
avec du raisin, qui vient admirablement dans
cette partie de la Chine.

« Après le diné tout le monde se retira dans
une sorte de parloir ; on apporta du thé et des
pipes, puis les causeries commencèrent.

« Ces jésuites ne ressemblent guère aux missionnaires de l'Océanie, non qu'ils aient moins
de dévouement. Il y a bien peu de temps qu'ont
cessé les persécutions et les supplices dont four-
millent les annales des missions. La politique
européenne a eu gain de cause dans les derniers
événements qui se sont passés en Chine, et la
présence des bâtiments de guerre des nations
d'Occident sur les côtes du Céleste Empire a
changé la situation. Le canon inspire respect. —
La différence qui existe entre les Jésuites établis
en Chine et les missionnaires de l'Océanie, se
fait surtout remarquer dans l'emploi des moyens
que chacun a mis en œuvre pour arriver à d'heureux résultats suivant l'intelligence des peuples.
Les uns et les autres ont su proportionner ces
moyens suivant les exigences naturelles, et bien
qu'on soit séduit de prime abord par l'esprit,
l'aménité et le savoir-vivre des uns, ce serait
peut-être à tort qu'on leur supposerait plus d'intelligence et de tact qu'aux autres. Les peuples
océaniens, enfants de la nature, d'une intelligence un peu grossière, mais susceptible de
grands développements, comme tout ce qui est
jeune et fort, ont besoin du sans façon, du bon
sens et de l'évangélisation simple et rude des
missionnaires. Il faut là l'exemple du travail,
puisqu'un grand nombre d'îles, malgré leur fertilité apparente, sont souvent en proie à la
disette, faute d'être cultivées. Mais en Chine, le
peuple de la terre qui possède au plus haut
degré le sentiment des convenances et des
formes, pointilleux et raisonneur à l'excès, céré-

monieux et esclave de l'étiquette, rusé outre mesure et accoutumé dans le commerce de la vie, aux faux-fuyants et aux détours, un pareil peuple se présente déjà tout disposé à la discussion théologique. Il faut là des gens graves, à la démarche hardie, à l'aspect confortable, bien vêtus, instruits, affables et de belles manières. Aussi nous aperçûmes-nous de suite que les Jésuites de Zi-ko-Weï étaient des gens d'esprit, d'une esquisse honnêteté, jointe à une extrème complaisance. Une conversation entamée dans ces conditions devient bientôt une causerie des plus agréables qui peut durer indéfiniment. La notre se prolongea jusqu'à minuit.

« En arrivant dans la cellule qui me fut désignée pour passer la nuit, j'éprouvai un froid insupportable, et n'étant plus accoutumé depuis longtemps à la fraîcheur des draps de lit dans une chambre sans feu, je réunis tout ce que je savais du chinois pour articuler le mot *kialou* que je croyais devoir signifier *bassinoire*. Malheureusement pour moi, la langue chinoise est la plus ambiguë et la plus équivoque de toutes les langues, c'était *kiá-ou* qu'il fallait dire, car on m'apporta toute autre chose dont je n'avais nullement besoin.

« Le lendemain, malgré le froid et la boue que nous affrontâmes en semelles de carton, nous fîmes une promenade dans la campagne et notre première halte fut à un tombeau de famille.

— Au milieu de la corruption de mœurs qui a entraîné la décadence des institutions, un seul culte est resté debout en Chine, c'est celui rendu aux ancêtres. Ces honneurs ou ce culte, comme on voudra (car je ne viens pas renouveler ici la fameuse querelle des Jésuites, qui eut pour résultat de les faire expulser il y a 200 ans), ce respect vrai ou faux, cette vénération sincère ou hypocrite se traduit par toutes sortes d'inscriptions plus ou moins bizarres sur des monuments ou petites pagodes. — « *La Chine*, comme on l'a dit, *est le pays des mauvais pères et des bons fils.*

La Pagode ou tombeau de famille.

« Le tombeau de famille que nous visitâmes, autrement dit la pagode de Zi-ko-Weï, est un édifice considérable, avec une salle immense, des statues colossales, toutes dorées et sculptées avec un art infini, mais tout cela commence à tomber en ruine. — Le pays que nous parcourûmes durant cette promenade, s'offrit à nos yeux sous un aspect si extraordinaire que nous regrettâmes beaucoup de ne pouvoir séjourner plus longtemps.

Départ de Chang-hay.

« En quittant Chang-hay nous partîmes avec une cargaison de Chinois pour Emoï. Les histoires lugubres que l'on racontait alors de navires partis pour la Californie avec des émigrants du Céleste Empire, les massacres des équipages par leurs passagers, n'étaient pas faits pour nous rassurer. Les Chinois, d'une lâcheté proverbiale chez eux, deviennent d'une hardiesse souvent dangereuse dès qu'il se voient hors de la portée de la justice expéditive de leur pays.

Mai 1852.

Emoï ou Amoy.

« Emoï, qui, d'après plusieurs voyageurs, peut s'écrire aussi *Amoy* et même *Hemouy*, sur la côte du Fo-Kien, est située dans une grande île qui occupe la partie gauche d'une baie profonde. L'îlot de Pou-lang-sa fait face à la ville où nous arrivâmes après quelques jours de traversée. — Emoï est excessivement triste, excessivement sale et puante ; Chang-hay. en comparaison, est un palais. L'aspect général de la côte nous avait frappés en arrivant : ce ne sont que roches sur roches, affectant toutes sortes de formes bizarres, oiseaux fabuleux, images fantastiques, singes accroupis ; toute la côte de la Chine est, du reste, déchiquetée et tailladée de cette manière ; aussi, le grand nombre de baies, d'anses et de criques qu'on y rencontre, la rend très-propre au refuge des pirates. La nuit qui précéda notre arrivée, nous eûmes une alerte qui heureusement se dissipa avec le jour. Vers les onze heures du soir, nous nous vîmes entourés d'une quarantaine de barques ; on chargea les armes et l'on menaça ces barques d'une fusillade générale ; mais elles s'éloignèrent aussitôt. Ce n'étaient que d'innocents pêcheurs.

L'Hôpital d'Emoï.

« Pendant notre séjour à Emoï, la petite vérole se déclara et fit d'épouvantables ravages dans la population chinoise. Cependant, le vaccin est connu en Chine, mais son inoculation se pratique par les narines et peut-être que par cette méthode on n'obtient pas les mêmes résultats. — Il existe dans la ville un édifice qui a été acheté par le gouvernement anglais et qu'on a transformé en hôpital à cause de sa situation élevée, car cet hospice domine tous les cloaques de la basse ville ; aussi, y respire-t-on un air plus pur. L'établissement est pourvu d'une pharmacie dirigée par un jeune chinois à la physionomie douce et intelligente, élevé chez un anglais et parlant passablement cette langue. Un vieux gardien, avec sa femme, sert à la fois de concierge et d'infirmier. Le chirurgien du navire de guerre de S.-M.-B., stationné dans le port, vient chaque jour visiter les malades. Il y a dans cet hôpital un joli jardin en terrasse, planté d'acacias, dont les fleurs odorantes servent à faire des gâteaux délicieux, la seule pâtisserie chinoise qui ne soit pas mêlée de lard rance d'un goût si détestable.

« Ce fut à l'hôpital d'Emoï que furent soignés plusieurs de nos compagnons de voyage, et dès qu'ils commencèrent à se rétablir, nous fîmes ensemble une excursion à Tchang-Tcheou, ville considérable et chef-lieu de la province à laquelle elle donne son nom.

Tchang-Tcheou.
L'émeute.

« Notre soudaine apparition dans les rues de Tchang-Tcheou produisit une espèce d'émeute. Le cri d'*Ouanâ* ! se fit entendre autour de nous et fut répété par tous ceux qui nous aperçurent, mais avec des intonations différentes. La population nous poursuivit de ses huées, tandis que chez les vieillards et gens graves le cri de Ouanâ ! prenait dans leur bouche une intonation étrange qu'accompagnait l'expression de leur physionomie. C'était à la fois du mépris, de la stupéfaction, mêlés d'un sentiment de dignité outragée. Ouanà ! semblait signifier pour nous : « *L'étranger dans nos murs ! le sol profané ! la fin du monde !* » Il était visible, au milieu de tout ce brouhaha, que le peuple était effrayé au suprême degré et qu'on ne savait guère comment se débarrasser de nous. En avançant dans les rues, toujours entourés de la populace qui paraissait vouloir nous barrer le chemin, sans se porter toutefois à aucune voie de fait, nous parvînmes jusqu'à un monument dont la porte principale s'ouvrait en arc de triomphe et sous laquelle nous passâmes. Nous nous trouvâmes alors dans une immense cour remplie de verdure de toute espèce. Ce fut là que, sur un de ces étalages en plein vent, je vis pour la première fois, parmi d'autres coquilles, une des plus belles *Cythérées* des mers de Chine. — Au fond de la cour, toute plantée d'arbres, s'élevait un édifice aux sculptures dragonales et excentriques, dorées magnifiquement avec le luxe de dessins qui distingue les Chinois et leurs chefs-d'œuvre de patience. A notre approche, les portes se fermèrent avec fracas, une grande rumeur se fit au fond de la cour et un homme au long cou gonflé de colère, s'avança vers nous, et l'un de nos domestiques nous fit entendre que nous étions en face du palais du Mandarin, que l'individu au long cou était son intendant. En effet, malgré notre ignorance de la langue, nous comprîmes de suite qu'il s'agissait de nous et que nous étions sommés de nous retirer au plus vite, car l'homme en question, marchait en bondissant de rage et

interpella nos guides avec des gestes de menace.
Nous eûmes un instant la fantaisie de tenir bon
pour laisser se continuer cette scène grotesque
et voir jusqu'à quel degré pourrait aller la bravoure chinoise; mais il nous fallut laisser la
partie, nous étions harassés de fatigue et encore
à jeun. Or, ne pouvant compter sur l'hospitalité
du pays, nous regagnâmes notre bateau, où nous
n'arrivâmes qu'après quatre heures de marche
en traversant sur un beau pont de 35 arches, le
Chang, grande rivière qui va déboucher dans la
baie d'Emoï et dont les eaux, dit-on, donnent au
thé un goût délicieux.

« Après cette excursion à moitié manquée,
force nous fut de borner nos promenades aux
alentours de la ville. Ce fut dans une de ces
courses que je visitai une belle pagode élevée sur
le tombeau de deux mandarins tartares. L'intérieur du temple est fort remarquable et les jardins
qui l'entourent sont remplis de fleurs de toutes
espèces.

« Cependant, je voulus profiter avec quelques
passagers, avant de quitter Emoï, de visiter une
autre grande ville chinoise située à environ
20 milles de distance. Nous partîmes le soir, du
bord, sur un grand bateau qu'on nous amena et
qui fait assez régulièrement le trajet. C'était une
monstrueuse barque, large, grosse et lourde,
dont le pont, formé de planches mobiles, recou-
vrait la cale où l'on avait renfermé des cochons
qui grognaient en désespérés. A partir de l'arrière
de la barque, qui avait 50 à 55 pieds de long, le
pont était abrité, sur les deux tiers de sa lon-

gueur, par une espèce de dunette en bambous.
L'équipage se composait de 8 hommes de 20 à
30 ans, d'une vieille cuisinière et d'une jeune et
gaillarde fille qui faisait son service comme les
autres rameurs............ »

Notre voyageur termine là sa relation
sans rien circonstancier de plus sur son
excursion, ni sur la ville chinoise qu'il
voulait visiter, et il est à présumer qu'il
rencontra les mêmes empêchements que
dans l'expédition antérieure.

« Pendant notre séjour à Amoï, continue-t-il,
le pharmacien de l'hôpital nous invita à une fête
qu'il célébrait pour l'anniversaire de la mort de
son père. Le deuil en Chine se porte en blanc. Il
y eut à cette occasion un *Sin-son* ou représentation théâtrale.

Notes sur la Chine.
Décadence.
« La Chine est en complète décadence ; les
anciennes lois, si sages, ne sont plus observées ;
les charges de l'état, jadis accordées ordinairement aux plus dignes, sont devenues vénales, et
partout les mandarins ont perdu leur pouvoir et
leur considération. Les pirates infectent les côtes,
dont chaque baie, chaque crique est un repaire
de brigands de la pire espèce. Ils pillent, assas-
sinent et dévastent tout ; rien n'est à l'abri de
leurs déprédations. Le gouvernement chinois fait
trembler le peuple et les pirates font trembler le
gouvernement. — Il y a une chose remarquable

en Chine, c'est que les gens les plus éclairés de
la nation, ceux qui pourraient, par leur intelligence, contribuer à la grandeur de leur pays,
sont tous absorbés par l'étude de la langue. Que
peut un peuple qui, à l'âge où l'on est propre
aux affaires publiques, ne s'occupe encore que
de questions grammaticales ! Cependant, les
populations chinoises ne présentent pas toutes le
même degré d'avilissement, le même défaut
d'énergie. Les Fo-Kinois sont assez braves pour
des sujets du Céleste Empire, plus vigoureux,
mieux faits, plus dégagés que dans le nord. —
Sous l'invasion des Tartares, pendant la dynastie
des Ming, le Fo-Kien fut vaillament défendu
par un général chinois, dont le nom m'échappe.
Il résista longtemps et se retrancha dans l'île de
Formose. Le nouveau gouvernement de Pékin,
afin d'en venir à bout, pensa qu'il valait mieux
l'avoir pour ami que pour ennemi. Il fut appelé
à la Cour et comblé d'honneurs, ainsi que sa
famille. Les Fo-Kinois suivirent son exemple
et se soumirent. — Les Tartares avaient imposé
aux Chinois, sous peine de mort, de se raser la
tête et de porter la queue pendante ; mais dans le
Fo Kien, par un espèce de privilége, les habitants roulent encore aujourd'hui leur queue
autour de la tête qu'ils enveloppent d'un turban
noir. On les distingue à ce signe des gens des
autres provinces, — Les prêtres des pagodes sont
les seuls chinois qui ne portent pas la queue.

Musique Chinoise et Malaisienne. « L'époque du renouvellement de l'année varie
en Chine du 15 au 21 février. C'est l'occasion de

fêtes nombreuses, toutes les affaires cessent. Les
Chinois ce jour-là s'enferment chez eux, allument
des feux odorants devant l'image des Dieux et
des Ancêtres, et font dès le matin un tapage
infernal qui dure jusqu'à la nuit. Leur musique
de réjouissance est une symphonie à quatre
chaudrons, espèces de timbales appelées *Gong*.
Ils s'asseyent en face les uns des autres et frappent à tour de bras et sans dire un mot, chacun
sur son instrument. C'est à peine s'ils prennent
le temps de manger pour recommencer de plus
belle. — Quand on passe ce jour-là dans les rues
de la ville, ce tapage vous agace les nerfs. Trente
chats fouettés dans un sac ne produiraient pas
un vacarme plus discordant. On prétend pourtant
que ce peuple a quelques beaux airs ; quant à
moi, j'avoue que ce que j'ai entendu en solo ou
en partie, était quelque chose de si faux, de si
criard qu'il était impossible d'y saisir un motif.
Outre les gongs, ils ont des violons bi-cordes,
des flûtes simples, doubles ou triples, des sortes
de guitares, des tam-tams, des plateaux, des
sonnettes et des chaudrons en métal qui assour-
dissent. Les grands plateaux circulaires sont
formés d'un alliage de cuivre, de zinc et d'argent.
On les suspend à un cordon pour les isoler et on
frappe dessus comme sur une grosse caisse avec
un tampon en caoutchouc. Il n'y a pas de bruit
connu en Europe qui approche de celui qu'on en
tire. — J'avais déjà entendu ce bruit à Lombock
dans une musique malaise où de grands plateaux étaient touchés avec un certain art et au
milieu du silence de la nuit. Ces sons étranges,

entremêlés de chants lointains, me glacèrent
d'effroi ; il me semblait entendre un orchestre
infernal et les hurlements de tous les damnés.
C'était déchirant et parfois terrible ; j'étais attiré
et repoussé coup sur coup, et jamais musique ne
m'avait fait éprouver pareille impression ; mais
en Chine, cette musique est insupportable et n'a
produit sur moi d'autre effet que de me faire
boucher les oreilles.

24 mai 1852
Départ d'Emoï pour
Singapour.

« Les Chinois que nous avions amenés à Emoï
y sont restés, mais nous en avons repris 120 pour
Singapour. Il y a parmi ces passagers des types
curieux. On en a placé dix dans deux petites
cabines de la chambre, et pourtant la chaleur est
telle que nous passons les nuits sur le pont pour
jouir d'un peu de fraîcheur. Quant à nos passagers chinois, on dirait qu'ils ne sont pas à bord ;
on ne les voit pas et ils dorment la plupart du
temps. Un grand nombre d'entr'eux n'ont d'autre
bagage que leur pipe, une natte et un immense
chapeau de paille qui les couvre en entier et
peut les garantir du soleil comme de la pluie.
Pour dormir, ils s'accroupissent en contractant
leurs membres à la manière des marmottes, et
disparaissent sous leur chapeau, qui leur sert de
couverture. — Ceux qui logent dans la chambre
sont les *Aristos*, les écrivains et le chargé de
pouvoirs de l'affréteur. Ce dernier est long et
fluet, disloqué comme un clown, se servant de
ses pieds comme de ses mains, d'une intelligence
et d'une mémoire remarquables. Il a un grand
désir d'aller en France et s'efforce à apprendre

notre langue, dont il saisit les constructions grammaticales avec une rare sagacité. En revanche, il nous enseigne le malais et le chinois. C'est fort original d'entendre une conversation entre lui et nous en trois langues que nous ne comprenons guère. Toutefois, comme il parle assez bien l'anglais, j'ai pu me perfectionner avec lui. Il est d'une extrême complaisance et m'a donné la traduction littérale de plusieurs sentences indigènes dont j'ai retenu celles-ci :

« Le poison du cent-pieds (scolopendre) est placé dans sa tête ; celui du scorpion dans sa queue ; celui du serpent dans ses dents ; celui de l'homme partout.

« La poule ne boit pas une goutte d'eau sans élever ses regards vers le ciel.

« Recueille comme autant de perles précieuses les paroles de ceux qui sont un océan de science et nourris de vertu.

« De même que la terre supporte ceux qui la foulent aux pieds et lui déchirent le sein en la labourant, nous devons aussi rendre le bien pour le mal.

« Il y a encore, parmi les passagers de chambre, un bon vieux bien cassé, bien usé, presque sourd et aveugle, sec et parcheminé, qui couche sur le coffre à médicaments. Il peut à peine marcher, mais il mange comme quatre. J'allais oublier de dire qu'il n'avait plus de dents, sa bouche est un véritable gouffre qui engloutit tout sans mâcher. Chaque matin il se met sur son séant et confectionne sa provision de cigarettes pour la journée. Il fait cette petite besogne consciencieusement, gravement, avec méthode. Il a un domestique qui ne le perd jamais de vue soit de nuit, soit de jour et qui en prend un soin extrême. Tous ses compatriotes ont pour ce vieillard beaucoup d'égards et de vénération. Sa belle tête est à peindre quand, l'après-midi, il s'assied sur le devant de la dunette et lit tranquillement des histoires.

29 mai 1852.
En vue des côtes de la Malaisie.

« Il était onze heures du matin lorsque nous aperçûmes les côtes de la presqu'île Malaise. Nous en sommes éloignés encore de plus de 20 milles et cependant la brise nous arrive toute parfumée de douces senteurs. Ce n'est plus la Chine, sèche, plate, aux arbres rabougris ; ici, au contraire, nous dit-on, les arbres croissent jusque dans la mer. Mais voilà qu'à la nuit le calme nous arrête : vers les quatre heures du matin, une petite brise fraîche nous arrive de terre, dont nous ne sommes plus éloignés que de 3 à 4 milles. On aperçoit déjà distinctement les deux mamelons de l'extrémité de la presqu'île de Malacca.

30 mai.
Toujours à la vue des côtes.

« Le calme est encore revenu ; un courant rapide nous éloigne du fanal de Pédro-Branco et nous sommes obligés de mouiller par 20 brasses de fond. Pedro-Branco est un récif dangereux sur lequel M. de Rienzi se perdit en 1827. Cette roche n'a guère que 150 pieds de long et ne s'élève que 15 pieds au-dessus de l'eau ; elle est entourée de brisants et presque entièrement recouverte dans les hautes marées qui rendent la mer si houleuse. Ce n'est que depuis trois ans que l'on a construit un phare à éclipse sur ce rocher situé presque à l'entrée orientale du détroit de Singapour.

31 mai.

« Enfin nous approchons ; un lampang arrive avec un *Daubachi*. Ce personnage est dans toute l'Inde un espèce de courtier, le factotum des navires étrangers. C'est l'homme aux renseignements, c'est lui qui se charge des achats, des ventes et de tout ce dont on peut avoir besoin. Celui qui vint à bord cumulait ces fonctions avec l'emploi de pilote. C'était un beau malais, aux longs cheveux noirs, à l'œil vif, aux lèvres empourprées. Il était revêtu d'un costume original que j'avais déjà vu à Lombock, du suron bariolé, avec le bonnet rouge entouré d'un mouchoir de mousseline blanche. Il nous produisit ses certificats, et j'entamai avec lui une conversation dans laquelle je m'efforçai de mettre en pratique les leçons de Tan-tien-Diah.

Singapour.

« Singapura (*ville du Lion,* d'après Rienzi), Singapore en anglais, Singapour pour tout le monde, est bâti sur une petite île située vers la pointe orientale du détroit de Malacca. Cette île a environ 10 lieues de long sur cinq de large ; elle est séparée de la presqu'île par un petit bras de mer d'un quart de mille dans sa partie la la plus étroite. La ville est assise sur la pointe du sud de l'île et fait face au détroit de Singapour, le seul fréquenté par les navires de grand tonnage.

« C'est une très-jolie ville s'étendant sur le rivage comme un long ruban barriolé ; une rivière la traverse et la divise en deux parties distinctes, la ville du commerce et la ville de plaisance. — La première comprend tous les établissements et les comptoirs ; elle offre la plus grande activité, ses rues sont longues, bordées de trottoirs à arcades et parcourues en tous sens par la population la plus variée, la plus hétérogène qu'il soit possible de rencontrer. Sous ce dernier rapport, Singapour est une vraie lanterne magique ; les chinois y dominent ; on en compte 60,000 dans toute l'île, dont 25,000 à Singapour sur une population de 38,000 âmes. Toutes les boutiques de serruriers, de charronnages, d'armuriers, de cordonniers, de tailleurs, la plupart des grandes maisons de commerce, des principaux propriétaires, tout cela est chinois. Actifs, patients, extrêmement sobres et très-économes, les chinois travaillent nuit et jour, aucun métier ne leur répugne ; ils dépensent fort peu pour leur entretien, sont peu payés et finissent pourtant par s'enrichir ; aussi, ont-ils de grands avantages sur les autres nations qui viennent commercer à Singapour. Ils sont très-amis entre eux, et si par cas, malgré leur persévérance, ils périssent à la peine, d'autres les remplacent et parviennent au but.

« Les Malais viennent après les Chinois ; ils sont principalement adonnés à la navigation. Presque tout le cabotage de Singapour est exploité par les Malais. Brave et hospitalier, le malais se laisse facilement emporter par ses

passions ; orgueilleux et jaloux, il est aussi rusé
que cruel. Si vous vous présentez chez un malais,
demandez-lui la permission avant d'entrer dans
sa maison, ne regardez ni sa femme ni son kriss
javanais, ne lui parlez pas surtout de son cheval,
après çà vous êtes amis. — Ils vivent en partie
dans la ville de plaisance et en partie dans l'intérieur de l'île. On les accuse de s'informer parfois
de l'heure qu'il est à la montre des voyageurs.
La majeure partie est de Sumatra et répandue
un peu partout comme les Juifs.

« Le reste de la population de Singapour se
compose d'Arméniens, d'Arabes, de Persans, de
Malabars et d'Indous. Les Européens, au nombre
seulement de 4 à 500, sont presque perdus au
milieu de ces races distinctes. Dans la ville
commerçante, il y a deux pagodes chinoises,
deux mosquées et deux temples malabars. Dans
le quartier de plaisance ou des jardins, on trouve
deux jolies églises, l'une protestante et l'autre
catholique. Cette partie de Singapour, que les
anglais appellent leur *home*, est une réunion de
villas dont les maisons, entourées de jardins,
n'ont qu'un étage et un rez-de-chaussée ; on y
trouve des appartements spacieux, au plafond
élevé pour que l'air y circule librement. Les par-
quets sont tapissés de nattes ; mais tout cela est
un peu nu. La partie la plus agréable de ces
habitations est le *Varandah*, où l'on va le soir
respirer la brise de mer. Les salles à manger
sont toujours ornées, comme partout dans l'Inde,
d'un *Pangka*, grand éventail suspendu au plafond, garni de franges de mousseline et mis en
mouvement pendant les repas.

« La langue des affaires pour les besoins journaliers est le malais, et l'anglais celle des salons. Le malayou ou le malais vulgaire est un dialecte extrêmement doux et harmonieux ; c'est *l'italien de l'Inde* ; on l'apprend facilement. Quant au langage littéraire, le malais pur, il s'écrit avec les caractères arabes et ses constructions grammaticales, ses tournures offrent plus de difficultés.

Maisons de commerce. Prospérité progressive.

« On ne trouve encore à Singapour aucune maison française d'établie. Un jeune espagnol, fort distingué de manières et d'intelligence , chef d'une maison de commerce, m'expliqua les motifs qui en général font prédominer dans l'Inde, en crédit et considération, les maisons étrangères anglaises, américaines ou hollandaises. — « Voyez telle maison, me disait-il, son
« existence date à peine de quinze années ; le
« chef qui la créa vint à Singapour avec quel-
« ques livres sterling dans la poche ; mais avec
« l'amour du travail, avec de la ténacité, de la
« patience et de l'économie, il devint, au bout de
« six ans, premier commis dans une maison en
« vogue où il avait été reçu d'abord aux appoin-
« tements de 1500 francs. — Il eut bientôt un
« intérêt dans les affaires comme premier com-
« mis, puis le chef de la maison venant à se
« retirer, il prit sa place. Le premier commis le
« remplaça alors et ainsi de suite. — La maison
« ne change pas de nom pour cela, c'est toujours
« la même raison de commerce. Ainsi, peu à peu
« elle étend ses relations, se crée des corres-

« pondants partout, chaque nouveau chef la
« renforce du capital qu'il a acquis. Ces sortes
« d'associations progressives sont encore aug-
« mentées par des mariages qui réunissent les
« intérêts au lieu de les disjoindre, de manière
« qu'au bout de 25 à 30 ans, voilà une maison
« Jardine de Singapour ou Mattison and Cᵉ de
« Canton, par exemple, qui fait pour 50 millions
« de piastres d'affaires par an, avec un capital
« de 2 à 300 millions, que rien ne peut plus faire
« crouler, car il repose sur un effectif en navires
« et marchandises. Si une révolution amène
« l'anarchie dans un état, si le gouvernement
« suspend ses payements, si un roi fait faillite
« forcée, et cela s'est vu, Rotschild et d'autres
« banquiers aussi puissants se trouvent ruinés.
« Le chef de la maison de commerce de Singa-
« pour ou de Canton peut perdre un, deux, trois
« ou quatre navires. C'est une perte énorme,
« sans doute, mais qu'importe, il en a 50 ou
« 60. » —

« Voilà ce que me disait mon jeune négociant
et ce qui fait la confiance des grands commerçants de l'Inde dans l'avenir qui crée ces immenses fortunes.

Campagne de Singapour.

« De larges et belles routes, praticables aux
voitures, sillonnent maintenant toute l'île. L'intérieur se défriche et on y fait d'utiles plantations. La culture de la noix muscade est surtout
très-soignée ; les muscadiers sont plantés en
quinconces et séparés les uns des autres par un
assez grand intervalle. Ces arbres ont un peu

l'aspect des poiriers sauvages et ne parviennent pas à de grandes dimensions. Leur fruit est semblable à la poire pour la forme et la couleur ; la noix muscade est le noyau du fruit ; elle est entourée d'une pulpe assez épaisse, verdâtre à l'extérieur et blanche en dedans. La noix, qui est brune, est recouverte d'une pellicule d'un très-beau rouge découpé à jour comme une dentelle. Les jeunes plantes sont garanties du soleil par une toiture en joncs supportée par des montants en bois, de sorte que, vue de loin, une nouvelle plantation de muscadiers ressemble à un village de sauvages avec ses cases.

« L'agriculture de Singapour est presque entièrement confiée aux Chinois, le peuple agriculteur par excellence, qui, malgré sa routine et ses connaissances arriérées, a pourtant beaucoup d'inventions fort ingénieuses et totalement inconnues des Européens. Plusieurs négociants de la ville possèdent aussi de jolies fermes exploitées par des malais.

Tigres.

« La végétation de l'île de Singapour est luxuriante et contribue à embellir le paysage. L'île possède quelques forêts vierges, aux arbres variés ; mais en général, les terrains encore incultes sont couverts de bois taillis où pullulent les tigres qui viennent de la presqu'île de Malacca en traversant à la nage le petit détroit d'un quart de mille de largeur. Ces tigres sont de la plus belle espèce et atteignent quelquefois jusqu'à 12 pieds de tête en queue. On trouve aussi dans l'île la panthère noire. Les chinois cultivateurs sont souvent la proie des tigres ; les malais seuls osent les braver. J'interrogeai un jour un malais sur la chasse au tigre et voici ce qu'il me disait :

— « Je me tiens en embuscade et j'attends que « le tigre ait dévoré quelque chose, un chinois « par exemple (on sait la haine qui existe entre « chinois et malais), alors quand le tigre, bien « repu, grimpe sur un arbre pour se reposer et « faire la sieste sur une des grandes branches, « je m'approche à petits pas, grimpant comme « lui, et lui plonge mon kriss dans le cœur. »

« Ces tigres sont un fléau pour ce pays, et l'on s'étonne que l'administration locale n'ait pas encore pris de mesures énergiques contre ces terribles bêtes. Des battues générales bien organisées, des piéges ou d'autres moyens employés avec persévérance finiraient par les détruire ou les éloigner du moins de cette ile, où ils sont devenus si redoutables. On en a tué à deux pas de la ville, et il est arrivé de compter jusqu'à 7 ou 8 chinois dévorés en un jour. Une statistique, publiée dans un journal de Singapour, établissait en moyenne la consommation annuelle des tigres à 330 chinois. C'est presque un chinois par jour !

« La partie de la presqu'ile de Malacca qui fait face à Singapour est peuplée, dit-on, d'une grande quantité d'éléphants, de cerfs, de sangliers, de singes et de tigres.

Historique sur la fondation de Singapour. « La fondation de Singapour ne date guère que de 1818. Vers 1716, il est vrai, cette ile fut cédée par le roi de Djôhor au capitaine anglais Hamilton, mais cette cession n'eut pas de suite.

Ce n'est que dans les premières années de ce siècle, après la restitution de Java aux Hollandais, que sir Stamford Raffles, gouverneur anglais de cette île, ayant reconnu l'importance qu'offrirait un port dans ces mers, demanda l'intervention du gouvernement, qui s'empressa de lui donner tous les pouvoirs nécessaires, mais sans prendre part d'une manière directe ni officielle à l'exécution du projet. — Sir Stamford Raffles, agissant ou du moins faisant semblant d'agir pour son propre compte, fit venir avec lui 150 chinois et une cinquantaine de malais et jeta les fondements de la ville de Singapour. Cette ville prospéra rapidement, le commerce y prit de suite une immense extension, car Singapour, par sa position, est sur la route de la Chine. Ce n'est qu'un entrepôt, mais l'entrepôt du monde. En 1825, le gouvernement anglais en prit possession officielle par un traité avec le roi des Pays bas et les princes malabars de Djôhor. Cette cession fut faite moyennant la somme de 60,000 piastres et un tribut annuel de 24,000 que l'on paye à chacun des princes.

21 juin 1852.
Départ de Singapour.

« Nous sommes partis de Singapour pour Poulo-Pinang, petite île anglaise située à l'entrée du détroit de Malacca, près de la côte occidentale de la presqu'île, et que les anglais ont nommée l'*île du prince de Galles*. — Nous mouillons vers le soir à quelques encablures de la ville qui reste cachée par une pointe montueuse, couverte d'arbres.

« Le lendemain, nous nous rendons à terre avec le capitaine. — Pinang est construit sur les bords d'une jolie rivière; en y arrivant, on tourne un coude et l'on se trouve tout-à-coup en face d'un délicieux tableau. Les eaux de la rivière sont calmes et transparentes; à droite, ses bords sont assez escarpés, mais tellement couverts d'arbres de toute espèce, enveloppés de lianes, tellement fourrés, que le regard ne peut pénétrer à travers cette masse de végétation. C'est un immense rideau de feuillage d'une richesse de ton, d'une variété de découpures dont rien n'approche. L'autre rive, plus unie, est parsemée d'habitations au milieu de jardins et de palmiers élancés, d'où s'exhalent des parfums délicieux et pénétrants. Tout cela est pêle-mêle et d'un charmant effet; c'est un beau désordre, tel que l'art n'en produira jamais, car quoiqu'on puisse faire la nature l'emportera toujours.

« Les maisons de campagne sont construites en bois avec de beaux varandahs à la manière malaise et n'ont rien qui les distingue, si ce n'est leurs grandes dimensions. L'intérieur de ces habitations est décoré avec luxe et on y trouve tout le confort désirable. — De belles et larges routes traversent en tous sens la portion du territoire soumise aux Anglais; elles sont bordées d'arbres touffus et de buissons en fleurs. » —

D'après l'ordre des dates du journal du jeune navigateur, il paraîtrait que l'*Arche d'Alliance* fit un assez long séjour à Poulo-

Pinang, bien qu'il n'en dise rien et qu'il
ne précise ni le jour du départ du navire
ni l'itinéraire suivi en quittant cette colonie anglaise. Toutefois, il est à présumer,
d'après les notes subséquentes du manus-
crit et le temps de navigation, qu'en
partant de Poulo-Pinang, le navire se
dirigea vers le détroit de la Sonde, pour
atteindre Java d'abord, en s'arrêtant à
Batavia, situé à l'entrée orientale, et qu'il
franchit ensuite le passage pour se rendre à Padang, l'autre grand établissement
hollandais de Sumatra.

7 août 1852.
(Reprise du Journal.)
Batavia.

« .... Il s'agit d'aller à terre ; or, puisque
nous sommes ancrés près de la plage, il nous
faudra au moins une heure pour y arriver. Mais
le soleil est brûlant, et dans ce climat malsain,
pour ne pas exposer les gens de l'équipage à un
trajet pénible et fatigant, on loue des embarca-
tions chaloupières qui viennent se mettre au
service du bord et qui sont montées par des
malais. Le gouvernement hollandais en a le
monopole pour la plus grande commodité des
voyageurs ; mais on paye cette chaloupe 2 florins
pour deux heures et demie, et préalablement on
dépose un cautionnement de 50 florins qui vous
est rendu au départ du navire. Si cela ne vous
convient pas et que vous préfériez une embarcation du bord, vous êtes obligés de faire venir
4 malais pour la conduire et c'est encore 5 flo-

rins par jour. Un malais ne peut venir à bord sans autorisation, mais cette autorisation ne se donne que pour deux hommes, de sorte que si vous n'en avez besoin que d'un, il faut en subir deux ; si vous en voulez deux, on vous en impose quatre. Cette singulière proportion croisssante est spécifiée dans le règlement.

M. Diarc.

« Et l'on appelle cela un gouvernement paternel ! Mais il y a plus encore : aucune nation ne peut avoir de Consul à Batavia. Un français, M. Diarc, mais devenu hollandais et qui passe pour un homme fort honorable, me disait gravement qu'un consul résidant était la plus grave insulte qu'on puisse faire à un gouvernement civilisé. « Si vous aviez à faire à des pirates, ajou- « tait-il, à la bonne heure, mais un pays qui « soùffre un consul n'est pas un pays civilisé. » — Cependant, lui dis-je, un consul n'est le plus souvent qu'un simple agent commercial qui ne s'occupe pas de politique ; il n'est là que pour protéger ses nationaux ; pour leur prêter son appui moral de bon compatriote, et je ne vois pas en cela ce qui peut offusquer le gouvernement. — « Oh ! me répondit-il, le gouvernement s'occupera bien mienx des étrangers et plus efficacement que tous les consuls possibles. Le consul s'intéressera toujours d'avantage à ses administrés sous peine de n'être plus lui-même, et voilà ce qu'on a voulu éviter. »

« Que répondre à un pareil raisonnement ?

« Ce M. Diarc, établi depuis longtemps dans les Indes, et que j'ai eu occasion de voir quelques heures, est un curieux exemple de ce que peut produire chez un homme l'amour propre exalté par un encens continuel. Il me parut avoir une soixantaine d'années ; fort, plein de vigueur, bronzé par le soleil, c'est une des plus belles têtes qu'il soit possible de voir. Sa physionomie, au milieu de ces faces flegmatiques et communes des néerlandais qui l'entourent et l'encensent, pétille d'esprit, mais en même temps de fatuité. Il sourit pour montrer ses belles dents; mais de ce sourire dédaigneux et supérieur d'un homme accoutumé aux hommages, à qui ils sont naturellement dus. M. Diarc est le paradoxe fait homme ; il suffit qu'on ouvre la bouche pour émettre une opinion, pour qu'il vous la ferme aussitôt en niant ce que vous avez pu dire. Il cause avec beaucoup de vivacité, mais il parle sans cesser, ce qui est un grand défaut même chez les hommes les plus instruits et les plus spirituels. Il est mordant et incisif, sans ménagement pour les noms les plus respectables. Il faut l'entendre saper les unes après les autres toutes les vérités qui luisent au monde aussi claires et éclatantes que le soleil. « Tout « cela, dit il, existe peut être, mais n'existe que « dans l'imagination brillante des gens qui « l'ont inventé. Ils ont trouvé des esprits crédu- « les, comme il y en aura toujours beaucoup, « qui leur ont applaudi, et voilà la fortune de « leurs idées faite. » — Depuis les époques de la création, que les travaux de nos plus illustres savants et de nos grands philosophes ont prouvées, sur les rapprochements et les analogies des langues et des races humaines tendant à les ramener à une même origine, tout est raillé chez lui de la meilleure grâce du monde ; Humbolt, Cuvier, Balbi ne sont que de petits garçons ; il les traite comme pourrait le faire un marquis de l'ancien régime, secouant d'une main blanche les graines de tabac sur la dentelle de son jabot. — Mais du moment où il parle, ces braves hollandais ouvrent leurs grands yeux bleus teutoniques et applaudissent. Nous étions trop polis pour pousser trop loin la contradiction ; on sait le respect dû aux viellards....., j'ai ri, voilà tout.

Choléra. « La situation géographique de Batavia est des plus avantageuses, la ville ressemble à un grand parc anglais planté de maisons. Beau pays, mais malsain. — Les cas de choléra y sont très-communs. Voici le remède employé avec le plus de succès : friction aux extrémités avec de l'huile de coco chauffée et mélée avec de l'essence de Cajaput ; *boisson*, mélange d'eau-de-vie, de poivre, de laudanum et de quelques gouttes d'essence de menthe. *Bains chauds.*

Caractère belliqueux des Javanais ou Javans. « Les Javanais sont d'intrépides soldats qui ne reculent jamais ; ils sont aussi calmes au feu qu'à l'exercice. Les Amboïniens, qui composent presque la totalité de la cavalerie malaise, une fois lancés, plus rien ne les arrête ; ils sentent le sang et s'animent à son odeur comme des bêtes fauves ; ils s'élancent, frappent et tuent jusqu'à ce qu'ils aient fini. Les premiers ont assez

de sang froid pour être braves, les seconds ne
sont que des sauvages.

« Sauf amendements ou ampliations, voici ce
que j'ai recueilli dans mes entretiens avec les
colons établis à Batavia.

« Tout le commerce est entre les mains du gouvernement néerlandais y compris les industries
particulières ; rien ne se fait sans que ce gouvernement y ait un intérêt direct ; nul ne peut rien
entreprendre sans l'appui matériel de l'administration.

On dit que les Chinois, qui forment à Batavia
une colonie à part, ne seront plus admis dans
l'île dès la fin de juin prochain ; mais pourtant
ces Chinois, la plupart commerçants et industriels, ont été jusqu'ici plus favorisés que les
Européens.

« Tout Européen peut s'établir dans une des
trois places principales des Colonies néerlandaises, mais il n'en obtient le permis qu'après
six mois de résidence. Les Chinois, il est vrai,
doivent être placés et fournir caution avant de
débarquer en arrivant, mais cette obligation
n'est guère que fictive et on les laisse aller partout où il leur convient. Il y a donc plus d'avantage d'être Chinois que d'être Français ou
Allemand,

« Il y a déjà plus d'un million de Chinois à Java,
et l'on assure que les plus belles terres, les plus
belles maisons, les plus beaux chevaux et les
plus belles femmes leur appartiennent comme
aux moines de Manille.

Cependant, depuis quelque temps des révoltes assez fréquentes, parmi la population chinoise, commencent à inspirer des craintes au gouvernement. »

Ce peu de détails que donne mon ami Grasset de Batavia , la capitale de l'Océanie Hollandaise, et en général sur Java, ne m'ont pas semblé en harmonie avec ses intéressantes et gracieuses descriptions de Lombock , de Singapour et de Poulo-Pinang. J'attribue cette circonstance, qui a appelé mon attention dans son journal de voyage, au court séjour qu'il fit à Batavia et à l'état de sa santé, déjà un peu délabrée par sa résidence sur la côte de la Chine et ses stations sur les divers points de la Malaisie qu'il venait de visiter. — Quoi qu'il en soit , j'ai cru devoir remplir moi-même cette lacune en résumant ici les curieuses notions qu'a données sur cette importante colonie de Java, mon ancien et regrettable ami G. S. Domany de Rienzi dans son bel ouvrage sur *l'Océanie* ; dont on peut voir des extraits dans son dictionnaire de géographie , livre peu lu et pourtant des plus appréciables par les bons renseignements dont il est rempli.

Les soins que l'auteur a mis dans ses explications sur l'origine des noms , afin de ramener à leur véritable orthographe des dénominations géographiques trop souvent défigurées, ont fait de ce recueil *usuel et scientifique* à la fois , comme il l'a annoncé lui-même , dès la première page , un ouvrage précieux , sans prétention au titre de ces *Dictionnaires universels* qui , d'éditions en éditions , ont perpétué tant d'erreurs.

Java d'après D. de Rienzi.

« Java, dit D. de Rienzi, est séparée de Sumatra (*Soumadra*) par le détroit de la Sonde. Cette île a environ 240 lieues de long, variant en largeur de 14 à 50 lieues. Sa population est formée d'un très-petit nombre d'Européens , sur un ensemble de 5 millions d'hommes de différentes races, dont plus de deux tiers sont sous la domination hollandaise et le reste est réparti dans les états indépendants. — Les Chinois y sont au nombre de 500,000 et leur population s'augmente chaque année dans une progression extraordinaire, soit par les nouveaux arrivages d'émigrants, soit par la propagation naturelle. Les autres habitants sont Javanais ou Javans, c'est-à-dire

indigènes, mêlés d'Arabes, d'Indous, de
Mangkassars et d'autres gens de l'Inde.
Les épidémies font souvent de grands ravages dans ce pays situé à 7° sud de l'équateur. — En 1822, le choléra y fit 110,000
victimes.

Une chaîne de montagnes élevées se
prolonge d'est à ouest dans toute la longueur de Java et l'on y compte 15 volcans
éteints ou en ignition, parmi lesquels il y
en a deux, le Tankouban-Prahou et le
Guedé, de 10,500 et de 12,000 pieds d'altitude. L'île est sillonnée par une cinquantaine de rivières, dont les deux plus
grandes sont le Solo et le Kedim. Leurs
rives sont couvertes de forêts alternant
avec des terres d'une très-grande fertilité.

La végétation de Java est des plus luxuriantes et des plus variées ; la nature y
abonde en plantes rares ; l'agriculture y a
créé d'abondants et riches produits : un
grand nombre de variétés de riz ; le maïs,
la canne à sucre, l'arbre à pain, le cocotier,
l'aréquier ou pinang, le gommier, l'arbre
à eau, que d'Entrecasteaux y apporta des
îles de la mer du Sud, sont autant de végétaux utiles dont les Javans ou Javanais ont
su profiter. On y voit aussi une foule d'ar-

bres à bois précieux pour l'ébénisterie et la charpente, avec d'autres non moins utiles, tels que l'arbre à savon, le cotonnier, le mangoustan, le pamplemousse, l'oranger, le citronnier, le ricin, le caféier, le cardamome (*copal*), l'arbre du benjoin, etc. — Parmi les plantes, on y remarque le bambou, la vanille, l'ananas, le tabac, l'indigo, l'igname, le bananier, le nopal et cent autres, enfin les fougères arborescentes qui croissent comme des palmiers.

Le chameau, l'éléphant même existent, dit-on, à Java, à l'état sauvage ; les chevaux qu'on y a importés d'Arabie, sont devenus de petite taille, mais forts et pleins de vivacité. La chèvre, le bœuf et la vache y prospèrent et l'on emploie les grands buffles dans les terres de labour. — On y trouve aussi beaucoup d'animaux sauvages : le tigre, la panthère, le léopard, le cheval, le rhinocéros bicorne, des cerfs et des singes.

L'ornithologie n'est pas moins riche en superbes oiseaux de différentes espèces rares : de beaux perroquets, parmi lesquels on distingue le kakatoës blanc à crête jaune et les jolis loris de couleurs variées ; on y rencontre encore l'ému ou casoar casqué, énorme oiseau grand comme une autruche, et l'hirondelle dont les nids excitent la gourmandise des chinois. Les recherches ichtyologiques y ont fait connaître 568 espèces différentes de poissons, et il existe dans l'île des serpents dangereux qui infestent les forêts.

Les Javanais sont petits de taille et d'un teint jaunâtre ; quelques noirs de la race malaisienne, dits *negritos*, habitent encore un district montagneux de l'intérieur, Les Javans sont hospitaliers, crédules et pleins de préjugés. Ceux qui se placent au service sont doux et paisibles si on les traite avec bonté. Ils tiennent tous aux liens de famille, et quoique musulmans, ils sont très-tolérants en matière de religion. Dans les classes inférieures, ils se livrent au vol et à la piraterie.

Très-industriels, comme tous les malais, les Javans excellent dans les travaux de métallurgie. L'or et l'argent sont ciselés à jour avec autant d'art qu'à Sumatra et aux Philippines. — La médecine, dans cette île, se réduit à des onctions et à des frictions sur les parties affectées, et, chose remarquable, les médecins indigènes sont plus recherchés à Java, même par les colons, que les médecins étrangers.

Sous le gouvernement de la partie indépendante de l'île, toute la population mâle, en état de porter les armes, est soumise au service militaire dans les cas extraordinaires; l'empereur a une garde d'un millier d'hommes.

Le mahométisme est la religion du pays et les Javans ont une grande vénération pour les tombeaux de leurs saints. — La polygamie n'est pratiquée que par les grands, mais le divorce est autorisé par la loi et par la coutume, moyennant 100 fr. pour la classe inférieure et 250 pour la supérieure. — Le père, à la naissance d'un enfant, prend le nom donné à son fils. — Les enterrements se font sans ostentation et avant le coucher du soleil.

La justice de Java et le pouvoir exécutif sont confiés à la même personne. La loi civile n'est que le coran modifié. Il y a deux sortes de cours de justice; celle du Panghoulou (*Grand-Prêtre*), rigoureux observateur de la loi du prophète; et celle du Jaksa (*surveillant*), qui se conforme d'avantage aux usages et coutumes locales. Le Panghoulou connaît des causes graves et des appels du jugement du Jaksa, et celui-ci informe des moindres causes. C'est toujours au Prince que se rapporte le pouvoir discrétionnaire pour l'application ou la modification des peines des causes légères, dans certaines circonstances. Toutefois, le maréchal Daendels est le premier gouverneur hollandais qui ait établi une cour de justice européenne dans les districts de Batavia, Jacatra et Préanger.

La littérature javanaise se compose en grande partie de traductions d'ouvrages indiens, romans, tels que ceux de Pandji, prince fabuleux, apologies imitées du sanscrit, chansons et anciennes poésies indigènes, et une paraphrase de deux grands poètes épiques de l'Inde, le fameux *Mahabhârata* de Viâsa et le *Ramâyana* de Vâmiki, le plus illustre des poètes indous. Le *Brata-Yandha* est un autre poème épique composé par Pouseda, en kawi, la langue classique de Java en 784 de l'ère vulgaire (1167). — « Les beautés « de cet ouvrage peuvent être comparées « avec les plus grandes compositions des « Grecs, des Latins et des modernes, dit « de Rienzi, et ce qui est étrange, c'est que « les Javans n'ont jamais eu connaissance

« des grands poètes d'occident. Le *Manek-*
« *Maya*, autre ouvrage qui renferme la
« mythologie des anciens javans, est écrit
« avec une simplicité biblique ; à côté de
« quelques monstruosités, on y trouve
« des beautés comparables à celles de la
« mythologie grecque.........

L'architecture et la sculpture offrent des chefs-d'œuvre dans l'île de Java : aux environs de Chériban, on remarque le magnifique mausolée d'un prince musulman. On voit encore les ruines du grand temple de Bram-Hanan entre Pajanget et Mataran et celles de Boro-bobo et de Singasi dans le district de Malang. Le monument pyramidal de Soukou est un des plus importants et rappelle, ainsi que les autres restes d'antiquités, la puissance et l'ancienne civilisation des Indous, civilisateurs eux-mêmes de ces belles contrées. (*Extrait*)

7 août 1852.
En mer.

A. Grasset n'indique pas le jour de son départ de Batavia, que je suppose avoir eu lieu à la fin de juillet. Il poursuit les annotations de son journal sous la date que j'inscris en marge :

.... « Depuis que nous sommes partis de Batavia et sortis du détroit de la Sonde, dit-il, il pleut ou il vente continuellement, mais des grains et des coups de vents numéro un, comme disent les marins. Plus nous approchons de Padang plus cela redouble ; la pluie devient un déluge ; l'on appelle cela *la saison sèche!* Il y a aujourd'hui 17 jours que nous avons franchi le détroit et 8 jours que nous étions à 10 milles de Padang et que nous pouvions déjà en voir les feux ; aujourd'hui nous en sommes à 38 lieues : il pleut toutes les larmes du ciel. C'est le fort de la mousson du S.–E. et il vente tempête du N.-O. — Les courants sont assez violents pour nous donner une dérive de 40 milles par 24 heures. Nous avons en vue un pauvre diable de navire hollandais qui, comme nous, court après Padang, mais sans plus de chance de l'attraper ; il a déjà quatre mois et vingt jours de mer et vient de Rotterdam.

Mardi 17 août.
En mer.

« Depuis deux jours nous sommes à la viande salée, afin sans doute de ne pas entamer les cent boîtes de conserves que le capitaine a achetées à Batavia pour une traversée de trois mois. J'aurais du moins gagné dans ce voyage la sobriété à défaut d'autre chose. J'ai grande envie d'inscrire sur la porte de notre salle à manger la maxime d'Harpagon : « *On doit manger pour vivre et non pas vivre paur manger !*

19 août.
En mer.

« Nous parcourons toute la côte de Sumatra bien malgré nous ; cependant, quel que soit le

dépit que nous éprouvons de tant tarder d'arriver, nous avons du moins la compensation d'une
navigation en vue de ces belles terres qui se
déroulent à nos yeux comme des bouquets de
feuillage réunis dans une corbeille. Les rescifs
qui les bordent, les couvrent souvent d'une blanche écume. Pourtant il faut convenir que si tout
cela est beau dans un lorgnon, c'est fort dangereux vu de trop près. Aussi notre marche réclame
de la prudence. — A huit heures du soir, le calme
nous a pris et un fort courant nous porte à la
côte. Le capitaine fait jeter l'ancre par 15 brasses
de fond. Un quart-d'heure après, la brise de
terre se prononce et nous pouvons appareiller
pour nous remettre en route. » ....

Ici encore il y a une lacune dans le journal ; notre voyageur ne parle pas de son
arrivée à Padang ; il ne dit rien non plus
de cette colonie où l'expédition a dû passer
plus d'un mois. Ce silence, sur cette grande
île de Sumatra de 6 millions d'habitants, et
sur son importante capitale, dont il ne dit
que quelques mots, nous incline à croire
que notre ami s'est vu forcé, par raison de
santé, d'interrompre ses courses et ses
observations, et que, sans doute, il n'était
plus en disposition d'esprit pour consigner
par écrit ses impressions du moment. Je
crois même en avoir trouvé la preuve dans

cette tendance à la rêverie, dans cette tristesse mélancolique qu'on remarque dans
plusieurs de ses notes et qui décèlent en lui
une prédisposition à la nostalgie durant de
trop longues traversées. Il s'abandonne
alors au charme de la solitude ; il se concentre en lui-même pour laisser errer ses
pensées au gré de son imagination et aux
souvenirs du passé. Sans ces circonstances
fâcheuses, comment notre jeune voyageur,
naturaliste si ardent, si désireux de tout
savoir et d'un esprit si lucide, ne se serait
pas senti impressionné dans cette belle île
de Sumatra qui possède de grands établissements de commerce comme Padang et
Palenbang, des montagnes comme l'Ophir
de 4,500 pieds d'altitude, où l'on trouve
de riches mines de fer, d'étain et d'or surtout, dont on retire 34,000 onces par an ;
terre privilégiée qui réunit les produits de
l'Inde, de l'Indo-Chine et de l'Océanie ? —

Mais poursuivons l'examen du journal :

24 août 1852.
A Padang.

« C'est aujourd'hui pour moi un jour de fête ;
je voudrais le marquer avec de l'encre d'or. Il y
a longtemps que je n'ai éprouvé une sensation
aussi vive. J'ai reçu une lettre de mon père qui
est maintenant plein de santé !

L'*Arche d'Alliance* a quitté les côtes de Malaisie : une note inscrite en marge du journal, indique encore un souvenir de la station que notre voyageur vient de faire à Padang :

Madame Pfysfer. « Padang retentit encore du séjour qu'y a fait Madame Pfysfer. Partout où nous allons il n'est question que d'elle. Poussée, disent les uns, par une passion malheureuse, dont elle garde encore le souvenir; les autres par amour de la science, cette célèbre touriste voyage par le monde depuis tantôt dix ans, à pieds, sans argent, sans autre recommandation qu'elle-même. Elle a traversé Borneo, ce que bien des savants voyageurs ont tenté en vain, et maintenant elle est chez les Battas, la nation la plus féroce de Sumatra. Comment une femme a-t-elle pu trouver l'audace nécessaire à une pareille entreprise dans laquelle des hommes d'expérience et de courage ont échoué! Par quels moyens peut-elle réussir? C'est peut-être parce qu'un homme a toujours en lui quelque chose de suspect, tandis qu'une femme qui voyage peut bien attirer la curiosité, mais jamais le moindre soupçon. Mme Pfysfer n'emporte avec elle que trois boîtes : une pour des insectes, une autre pour son thermomètre, son baromètre et sa longue-vue; la troisième contient deux robes de rechange. Elle a pour costume une espèce de robe-peignoir, des bottes et un grand chapeau de paille. Son système est de ne suivre aucune route battue. Elle est d'âge, du reste, à ne plus craindre un enlèvement et porte dans sa poche deux petits pistolets mignons dont elle sait faire, assure-t-on, un admirable usage.

20 septembre 1852.
En mer.

« Nous voilà de nouveau en mer et cette fois pour longtemps. — Nous avons quitté les côtes de la Malaisie pour entreprendre une des plus grandes traversées, sans toucher à aucune terre jusqu'à notre arrivée au cap de Bonne-Espérance. Ce sont 2200 lieues marines à parcourir ou 120 degrés de longitude ; rien que ça !

« L'*Arche d'Alliance* devrait être nommée l'Arche de Noé à bien plus juste titre, sans compter les animaux et les hommes de toute espèce qu'elle a reçus dans son sein. Elle est l'asile de toutes les infortunes, particulièrement des naufragés. D'abord notre lieutenant, provenant de la *Séricule,* qui l'avait recueilli à Panama, après le naufrage des *Trois-Frères ;* secondement, le charpentier de *la Henriette,* qui s'était perdue d'une manière si absurde à l'entrée de San-Francisco pendant que nous y étions ; troisièmement, deux matelots anglais que nous avons pris à Batavia et qui avaient naufragé sur un navire hollandais à Prince-Island ; enfin, si nous étions retournés à Chang-haï, le capitaine devait prendre là un contre-maître et un des marins d'un autre navire qui s'était perdu sur la côte de la Corée.

21 septembre 1852.
En mer.

« Mes idées commencent à devenir un peu plus claires : je suis sur pieds ; mais quand pourrai-

je me débarrasser entièrement de ces maudites
fièvres que je traîne après moi depuis Singapour.
J'ai cru pendant quelque temps en être guéri,
mais Poulo-Pinang, Batavia et Padang étaient de
mauvaises stations pour un convalescent. Padang
surtout n'a pas voulu me laisser partir sans me
donner un souvenir, un baiser. Les caresses de
la terre malaise sont aussi perfides que celles des
femmes! — Sumatra et Java, avec leur végétation luxuriante, leurs fleurs embaumées, aux
énivrantes senteurs, brûlent notre pauvre sang
européen qui n'y résiste pas. J'ai payé le tribut
comme tant d'autres. Nous sommes onze malades
à bord..... Dans ces îles de la Sonde, la nature
enfante des poisons!

3 octobre 1852.
En mer.

« Le capitaine Cazalis a aujourd'hui 36 ans et
nous n'avons pas bu de champagne. — Je crois
qu'il y a un sort jeté sur nous; point de fête et
mauvais temps. Cicéron ou tout autre des anciens
se serait cru perdu au milieu de tous les présages
qui se manifestent autour de nous. Ce matin un
cadavre a passé le long du bord et le soleil est
apparu entouré d'un cercle noir. — Il y eut une
éclipse à la mort de César : bah! une éclipse se
voit tous les jours; rien n'est plus commun, cela
s'annonce dans les almanachs; mais M. Arago
lui-même n'aurait pas prédit ce cercle noir. »

4 octobre 1852.

« La mer fait beaucoup penser et finit par vous
disposer à la mélancolie :

« Nil citius arescit lacrymas. »

Les larmes sont affaire de tempérament ; elles ne sont pas le fond de la douleur ; elles sont involontaires et en réalité seulement l'expression de la douleur dans son premier éclat. Un rien les fait couler, un rien les sèche. La sensibilité ne s'exprime donc pas uniquement par des larmes, puisqu'il y a nombre de gens qui sentent profondément et chez lesquels la source en est tarie. Pour les uns, les larmes sont un soulagement qui rend la douleur plus facile ; pour les autres, la douleur se concentre, ses ravages sont dangereux et peuvent entraîner la mort. De là vient que l'on dit d'une personne qu'une grande affliction accable : « *Si elle pleure, elle est sauvée.* » — Les larmes sont toujours un bienfait : *Beati qui lugent !* »

5 octobre 1852.

En mer.

Sous cette date, je trouve dans le journal de Grasset deux citations, accompagnées seulement d'une courte réflexion :

« Le peuple est trop heureux de mourir pour son roi. »

« . . . . Vous leur fîtes, Seigneur,
En les croquant, beaucoup d'honneur. »

« Quelle ironie ! ces vers, pourtant, sont à peu près de la même époque. »

En effet, la première citation est tirée d'une tragédie du grand Corneille ; mais ce génie dramatique, poète de cour et contemporain du grand règne de Louis XIV, prince superbe, roi soleil, qui voulait tout réunir et concentrer en lui seul, disant dans

son omnipotence : « *L'État c'est moi* »
Corneille, dis-je, dans son imagination de
poëte, partageait les idées de son temps et
mettait le dévouement au prince bien au-
dessus de l'héroïsme patriotique. Pour lui,
ce n'était pas seulement un devoir de mourir pour son roi, c'était un bonheur. —
Mais en regard de ce vers que cite Grasset,
il inscrit ceux de Lafontaine.....

> « .... Vous leur fîtes, Seigneur,
> En les croquant, beaucoup d'honneur. »

Notre grand fabuliste vivait à la même
époque que Corneille et en disait plus avec
ses apologues que le dramaturge avec ses
tragédies. — Lafontaine ne craignit pas,
sous le règne du grand roi, de placer en
tête du viime livre de ses fables, qu'il dédia
à Madame de Montespan, le plus beau de
ses apologues, celui des *Animaux malades
de la peste :* — Dans la calamité publique
que dépeint notre fabuliste sous de si vives
couleurs, il fallait une victime expiatoire ;
chacun devait confesser ses fautes, et le roi
lion, donnant l'exemple, venait d'avouer
ses peccadilles ; il avait dit :

> « Pour moi, satisfaisant mes appétits gloutons,
> J'ai dévoré force moutons.
> Que m'avaient-ils fait ? nulle offense,
> Même il m'est arrivé quelques fois de manger
> Le berger. »

Et le renard s'empressait de répondre :

Vous êtes trop bon roi,

. . . .
. . . . Vous leur fîtes, Seigneur,
En les croquant, beaucoup d'honneur,

Oh, oui, Grasset a bien raison, quelle
ironie !

13 octobre 1852.
En mer.

« Tout le monde est aujourd'hui sur pied ; le
lieutenant, qui a été le plus malade de tous, vient
de reprendre son service. Hier, pourtant, la
fièvre m'a repris ; j'ai eu un accès très-violent
avec un peu de délire, et aujourd'hui encore je
me sens attaqué tout de bon. Je grelotte comme
Saint-Loup en hiver.

14 octobre.
Toujours en mer.

« J'ai été encore une fois secoué d'une rude
façon ; j'ai eu le cauchemar tout éveillé ; la fièvre
ne m'a quitté qu'à neuf heures du soir. — Aujour-
d'hui reprise de quinine. C'est une bien détestable chose que ce médicament d'une amertume si
repoussante ; mais prenons patience, la pensée
de revoir la France me soutient. Je guérirai, j'en
ai l'espoir ; la santé reviendra et j'arriverai plein
de vigueur, de bon vouloir et d'action.

16 octobre 1852.
Encore en mer.

« Cinquième coup de cape auprès duquel les
autres ne sont rien. — Deux anglais en vue, dont
un nous passe à toucher et avec lequel nous
échangeons notre longitude chronométrique :
22° 20' orientale de Greenwich. Il vient de Bom-
bay. Une jeune femme apparaît sur la dunette et

paraît surprise de voir nos barbes hérissées par le vent. Nous lui souhaitons un *happy* voyage. — Le soir, la brume nous a séparés. Le coup de cape amènera probablement un changement de temps ; nous aurons bientôt la nouvelle lune qui nous le dira.

19 octobre.
En mer.

« Quarante jours de navigation et quarante jours de fièvres : Quand donc tout cela finira-t-il ? Il serait bien temps. La mer et la fièvre me font de vilaines grimaces et c'est le cas de leur dire :

Leave your damned faces and begone. (SHAKSPEARE)

Nous venons de recevoir encore un autre coup de cape.

25 octobre 1852.
En mer.

« Profitons de quelques instants de répit ; je n'entends pas parler de l'état de la mer, mais de la fièvre qui s'est calmée depuis trois jours. Peut-être cette fois-ci ce sera la bonne. Je me sens dé à tout autre, et afin d'abréger les heures, je vais m'occuper de mettre en ordre les notes éparses, recueillies dans ce long voyage. Il est curieux pour moi de revoir mes impressions sur les hommes et les choses que j'ai pu observer il y a deux ans. J'ajoute, j'efface beaucoup ; tout en respectant le fond des idées, j'en modifie la forme. La tournure de mon esprit a changé du tout au tout. — Je ne suis plus ce que j'étais ; je reviens homme après être parti enfant. »

Après cette note, je trouve immédiatement dans le journal de Grasset plusieurs fragments de sa rédaction qu'il a du écrire soit pendant son séjour sur les côtes de la Chine, soit sur celles de la Malaisie. Je les transcris ici textuellement.

Notes sur l'Inde.

« Les Brahmines tirent, dit-on, leur origine de la Scandinavie ; leur teint, plus clair que celui des races qui les entourent, la coupe de leur visage , les rapprochent des peuples du nord. Les Parias seraient les aborigènes qui auraient été refoulés par les vainqueurs, et ces Parias se sont abrutis et ont été réduits à l'esclavage comme tant d'autres peuples à cette époque. Il est à remarquer que les temps de barbarie ont produit les mêmes effets que ceux des grandes époques de civilisation. Les Barbares qui inon- . dèrent l'Europe substituèrent leur domination brutale chez plusieurs nations policées et de mœurs plus douces, et de nos jours, c'est la civilisation qui s'est substituée à la barbarie ; mais elle l'a fait plus violemment que n'auraient pu le faire les Goths et les Huns, ces fléaux de Dieu. Ceux-ci s'humanisaient, et quoique vainqueurs se laissaient adoucir et finissaient peu à peu à changer leur sayes d'écorce pour de brillantes étoffes. Les Goths et les Huns, vraies bêtes fauves dans le combat, se laissaient museler après la victoire.

Notes sur la religion des Hindous.

« Les plus anciens et les plus vénérés des livres sacrés des Hindous sont les *Védas* ou les quatre livres attribués à *Vyasa* et qu'on croit remonter à la naissance de Moïse (1580 ans avant Jésus-Christ). — Il est curieux de voir dans les

Védas à quel degré s'élevaient déjà les connaissances de ce temps chez un peuple payen « *Dieu donne au monde la forme d'un œuf*, etc. » — On peut trouver différentes preuves de la haute antiquité des Hindous dans les Védas ; premièrement, l'immortalité de l'âme parfaitement définie et dégagée de tous les nuages qui entourent cette croyance chez les Grecs et les Romains; secondement, on remarque de grandes analogies dans la comparaison entre la Genèse et les livres sacrés des Hindous ; troisièmement, les connaissances astronomiques de cette époque et les tables qui ont été dressées témoignent d'un profond savoir ; quatrièmement enfin, on est frappé des monuments gigantesques d'Eléphanta et d'Elora qui, suivant les Brahmes, auraient 7940 ans de construction.

« Chez tous les peuples partis de l'enfance, les progrès des sciences et des arts ont toujours été soumis à une loi lentement progressive ; s'il y a 4 ou 5000 ans que les Hindous étaient, sur bien des points, aussi avancés que nous, si même, sous plusieurs rapports, ils avaient des notions de sciences inconnues aujourd'hui, que doit-on penser de leur ancienneté ? Cela effraye l'imagination.... Quel abîme !

« La religion des Hindous a commencé par un monothéisme et a dégénéré ensuite en polythéisme. Nulle part les vérités premières ne sont plus sublimement exposées que dans le *Védanta* (conclusions des Védas) : le Tout-Puissant existe de toute éternité, le commencement et la fin de tout, l'Alpha et l'Oméga. — Ses attributs sont

Brahmà, Wischnou et Shiva, la trinité hindoue.
On les invoque sous différents noms et sous différentes formes. L'influence du symbole a aug-
menté le nombre des dieux. Le *Lingam* est le
symbole de la création. Dans le temple d'Eléphanta, on en trouve des images en pierre. Ce
Dieu populaire et procréateur est représenté sous
les plus étranges formes à Java, où le culte du
Lingam donne lieu à un grand pélerinage et à
des fêtes absurdes. Il faut que l'homme ait été
créé d'une boue bien impure pour être arrivé,
des dogmes les plus sublimes, aux superstitions
les plus grossières ! — Pourtant je ne puis me
lasser d'admirer ce peuple hindou et de m'éton-
ner de ses croyances, de sa haute philosophie,
de ses enseignements si rapprochés du christianisme et si antérieurs. La religion de Brahma,
telle qu'elle est enseignée dans les Védas, se
rapproche beaucoup du judaïsme ; les dogmes
en sont les mêmes et ce sont les dogmes qui
constituent les bases fondamentales d'une religion ; le reste n'est qu'accessoire, une annexe à
l'œuvre principale, mais venue après. Ces appen-
dices nécessaires à telle époque sont devenus
inutiles à d'autres. Les religions, considérées
dans le sens philosophique, sont presque toutes
les mêmes dans le fond ; les formes seules ont
varié suivant les climats, les mœurs et les usages, ou si l'on veut, d'après le degré de civilisation. Les juifs primitifs avaient une religion
aussi bonne que celle des chrétiens catholiques
ou protestants, seulement ce qui pouvait convenir à cette époque ne le peut plus aujourd'hui.

Le fond est resté le même , l'expression seule a changé.

« Le Boud'hisme, qui vint réformer la religion de Brahmâ, supprima les quatre castes, (prêtres, guerriers, laboureurs et artisans ou serviteurs) ; il prêcha l'égalité parmi les hommes ; mais au monothéisme sublime des premiers temps vint se mêler un polythéisme grossier. Dieu, ce principe de tout n'est plus même nommé ; il ne prend part à aucune des choses d'ici-bas et laisse tout aller suivant sa pente ; en un mot, il est pour les hommes comme le soliveau de Jupiter donné aux grenouilles. Il y a encore dans cette religion des intermédiaires entre la puissance divine et l'humanité ; des *Boud'hâs*, comme dans la notre.

« On estime qu'il existe sur le globe 200 millions de brahmistes, 380 millions de boud'histes, 200 millions de chrétiens, 140 millions de mahométans, 13 millions de juifs et 77 mille âmes de sectes sauvages.

« Les Parsis ou Guèbres adorent le soleil comme la forme la plus noble du tout-Puissant. C'est le culte fondé par Zoroastre, réformateur du magisme ou religion des anciens Perses ; leur livre sacré est le *Zend-Avester*, la parole vivante. — Les Guèbres se livrent ordinairement au commerce ; ils sont fort riches et vivent avec luxe. J'en ai vu quelques uns à Chang-hay, que j'ai connus pendant mon séjour en Chine. C'étaient de nobles et belles figures, d'un teint un peu bronzé ; leurs manières étaient extrêmement polies et réservées ; ils portaient une grande redingote qu'on pouvait assimiler à une robe ouverte, de larges pantalons et une sorte de coiffure qui ressemblait assez à un tuyau de poêle entouré d'un turban. Les pantalons et la redingote étaient en mousseline blanche ou toute autre étoffe très-légère. »

M. Grasset, dans cet aperçu remarquable des diverses religions existantes, laisse déjà apercevoir chez lui une érudition peu commune et beaucoup de bons sens joints à des idées philosophiques qu'on rencontre rarement parmi les jeunes gens de l'âge qu'il avait alors, en se rapportant à l'époque où il écrivit ces notes. — S'il ne dit rien de la religion des Chinois, c'est sans doute parce qu'il en a déjà été question auparavant dans ses remarques sur les mœurs et les coutumes des habitants du Céleste-Empire, et peut-être aussi parce que les Chinois, dans le fond, ne professent, en matière religieuse, aucune doctrine qu'on puisse réellement assimiler à un dogme, mais seulement des préceptes philosophiques dictés par la raison. Malheureusement ces préceptes sont tombés en désuétude, car en général ils ne sont plus observés. Il n'y a plus dans ce pays, démoralisé sous tous les rapports, que l'espèce de culte rendu à la mémoire des ancêtres qui ait prévalu, mais

qui aujourd'hui se trouve mêlé aux superstitions du boudhisme dégénéré. La religion
officielle en Chine, celle que professe l'Empereur, est le *Dalai-Lama*, secte schisma-
tique du Brahmisme défiguré par les croyances les plus absurdes. Les partisans du
culte de Fo ou Foé, réformateur de la religion de Brahmâ et qui naquit dans le Cache-
mire 1027 ans av. J.-C., sont devenus nombreux en Chine, surtout parmi les Mand-
chous. Dalai-Lama ou le *grand Lama*,
espèce de Dieu vivant, fait sa résidence dans
un couvent du Thibet, entouré de ses prêtres ou *Lamas*, qui le font passer pour
immortel et ne l'exposent pas au grand
jour. — Il y a bien loin de ce culte ridicule
aux anciennes maximes de *Hoang-ti*, premier législateur de la Chine, qui vécut
2698 avant notre ère. Les préceptes de la
religion de Fo, fondateur de la secte de
Dalai-Lama, tels qu'ils ont été établis dès
le principe, sont eux-mêmes très-respecta-
bles par la doctrine qu'ils enseignent et
dénotent une origine des plus humanitaires,
puisque cette religion primitive et observée
dans toute sa pureté, proscrit la distinction
des castes et l'inégalité des hommes, qu'elle
condamne le mensonge, l'ivrognerie, l'im-

pureté et le meurtre, même celui des animaux, qu'elle exige le respect des anciens,
garantit le bien d'autrui et promet des ré-
compenses ou des peines après la vie.

Kong-fou–tsen, ce célèbre philosophe
chinois, dont les jésuites de la fin du XVIIe
siècle traduisirent le nom par celui de Confusius, voulut aussi réformer les mœurs de
son pays plus de 500 ans avant J.-C. Il fut
appelé à la cour comme premier ministre ;
l'empereur parut accepter d'abord les doctrines du philosophe, mais ne tarda pas à
les abandonner. Confusius, rentré dans la
vie privée, n'en persista pas moins dans son
œuvre méritoire et continua à prêcher sa
morale pratique en revisant les *Kings* ou
livres sacrés. Il publia le *Chou-King* ou
traité des devoirs et de la politique, dans
lequel il rappela, sous forme d'exemples à
suivre, les règles de conduite des premiers
empereurs et des anciens sages. On lui
attribue aussi, entr'autres ouvrages, le
Hiao-King, dialogue de piété filiale, le
Ta–hio ou la grande science, le *Tchong-
youg* l'invariable milieu, autre traité de
sagesse présenté sous des formules dogma-
tiques. Toutes ces conceptions nous mon-
trent des tendances philosophiques vers des

réformes sociales, dégagées de toute intervention sacerdotale.

Quant au Brahmanisme, nous ajouterons quelques autres renseignements aux rapides et judicieuses réflexions de notre ami Grasset :

Dans son ouvrage sur l'*Inde, ses origines et ses antiquités*, M. Vivien de Saint-Martin résume en ces termes le système Brahmatique : — « La loi religieuse dans cette société était la suprême loi ; le droit politique n'y reposait pas sur l'histoire, ni la loi civile sur le droit naturel, mais dérivaient de la loi religieuse. » — La cosmogonie indienne, sur laquelle était basé le régime des castes établies par le code des lois de Manou, remonte à l'âge védique des Aryas. — Au principe de tout, Svayambhou ou Parabrahmâ l'être infini, qui existait par lui-même, apparut dans toute sa gloire et dissipa les ténèbres qui avaient régné jusqu'alors. Il fit émaner de sa propre substance toutes les créatures, les eaux d'abord dans lesquelles il déposa un premier germe l'œuf du monde, brillant comme l'or pur, éclatant comme le soleil. De cet œuf primitif naquit Brahmâ. le père de tous les êtres, qui par la seule force de sa pensée sépara l'œuf en deux parties pour en former le ciel et la terre. — Brahmâ, le maître du monde produisit une multitude de dieux et de génies ; il créa les trois Védas sacrés, le Rig, le Yadjour et le Samana, puis tout ce qui existe sur terre et dans les cieux, les astres, l'air ou l'espace, les fleuves, les montagnes, les végétaux et les animaux, tous fruits de sa substance et qui acquirent dès leur origine leurs qualités, leurs instincts et leurs prédestinations. Enfin, il créa l'espèce humaine qu'il divisa en quatre classes distinctes chacune d'après ses droits et ses devoirs. Les sages ou les prêtres brahmânes sortirent de sa bouche, les guerriers de son bras, les laboureurs et pasteurs de sa cuisse et les serviteurs de son pied.

Ainsi on voit de suite que le régime des castes fut l'élément fondamental de la société brahmânique, et que son maintien reposait sur l'observance des devoirs prescrits à chaque classe. Mais quand on veut approfondir la nature de ces divisions, on s'aperçoit aussitôt qu'on est en présence d'une distinction frappante entre les trois premières classes et la quatrième ou dernière, celle des serviteurs; car d'un côté ce

sont évidemment les vainqueurs et de
l'autre les vaincus qu'on a voulu séparer.—
« Entre eux et les purs Aryas, il n'y a pas
« seulement une distinction de caste, dit
« M. Vivien de Saint-Martin ; il y a une
« démarcation physique. Bien plus, c'est
« de cette différence physique que fut tirée
« originairement la désignation même des
« castes..... car le mot sanskrit de *Varna*,
« qui se rapporte à ce que nous désignons
« par le mot *Caste*, signifie proprement
« *couleur*. La caste servile était pour les
« anciens Aryas ce que sont dans nos colo-
« nies *les hommes de couleur*, avec le
« même sentiment de mépris et d'antipa-
« thie... Aujourd'hui encore, dans les pro-
« vinces du Gange, l'absolue séparation
« des castes et la distinction entre gens de
« de la dernière et ceux de la caste brah-
« mânique est aussi marquée qu'elle a pu
« l'être aux jours où furent établies les lois
« de Manou. Entre la physionomie euro-
« péenne du Brahmâne, dont le teint est
« presque blanc ou légèrement jaunâtre,
« et la peau fortement bronzée ou même
« presque noire d'un Soudra, il y a, à pre-
« mière vue, une différence dont il est im-
« possible de n'être pas frappé, et cette

« différence fait comprendre, mieux que
« tous les commentaires, la force du terme
« *Varna* employé dans le sens de caste..»
(V. de St-Martin *op. cit.*).

Cependant, les doctrines des Brahmânes,
même sans les observer dans toute leur
orthodoxie, étaient loin de satisfaire tous
les adeptes ; l'état social et politique de
l'Inde en souffrait et la croyance d'une autre
vie au delà de la tombe ne promettait que
de nouvelles souffrances. Le Brahmânisme
avait fait son temps, lorsque, cinq cent-
cinquante ans avant J.-C., un homme con-
vaincu, un sage, un vrai philosophe se leva
tout à coup pour protester contre la religion de Brahmâ, répudier le système des
castes et fonder dans l'Inde une religion
nouvelle, le Boudhisme, qui se répandit
rapidement dans tout l'orient indien et y
compte encore aujourd'hui autant d'adhé-
rents que le christianisme. Ce grand pen-
seur, ce réformateur inspiré par la charité
et l'amour des hommes, était né dans les
montagnes du Népaul d'une famille princière. Son père, qui se disait d'origine
divine, régnait dans le Kapilavastou, un
des états indépendants, mais tributaires du
grand roi de Magadha. — Le jeune prince,

à sa naissance, avait reçu le nom de *Siddhârtha* (celui qui réussit) et en même temps le surnom de *Sakyasinha* (le lion des Sakyas) ; son éducation avait été des plus soignées et son caractère révéla de bonne heure un penchant à la solitude et à la méditation, joint à une ardente compassion pour les souffrances du peuple. Son esprit concentré sur la pensée des misères humaines et sur la fausse doctrine brahmânique de la transmigration des âmes, il se retira du monde, renonça au trône auquel il avait droit, pour se vouer à la vie ascétique, afin de méditer sur les lois immuables qui régissent tous les êtres.

Quittant furtivement son palais et sa famille, sous le costume d'un mendiant, il prit le nom de *Sakayamouni* (le solitaire des Sakyas) et fut s'instruire à l'école du sage brahmâne Aratakalama, dans la capitale de Magadha ; mais non satisfait de l'enseignement qu'on y recevait, il se fit successivement le disciple de deux autres maîtres dont il se sépara bientôt, accompagné de cinq condisciples qui le suivirent sur le mont Gaya pour commencer de là, avec eux, ses pérégrinations et prêcher sa doctrine.

Dans sa retraite d'Ourouvilva, ses austérités et ses méditations le fortifièrent encore dans ses idées humanitaires sur les réformes religieuses auxquelles il se croyait appelé. — N'appuyant sa doctrine d'aucun dogme, il la fit consister dans la pensée du bien moral et dans la pratique de ce bien — « Cette doctrine sublime, a dit un commentateur, inhérente à la conscience humaine, avait été pervertie par les institutions du brahmânisme ; mais la grande âme de Sakayamouni la retrouva et la rétablit. » On peut la résumer en quelques mots : tous les hommes sont égaux en principe et selon leur mérite, ils sont tous appelés au même salut et à s'élever par la même voie jusqu'à la délivrance finale qui les arrachera à la douleur et les fera sortir du cercle fatal des transmigrations C'est pourquoi, en ce monde, ils doivent vivre en frères, ne commettre aucune action répréhensible, maîtriser leurs penchants et pratiquer la sagesse et la vertu pour arriver à la perfection morale et intellectuelle que l'expression sanscrite désigne sous le nom de *bodhi* (intelligence suprême). Les hommes qui suivent ces préceptes de la loi éternelle deviennent *boud'hâ* et parvien-

nent à leur mort au *Nirvàna*, but final de
toutes les vertus, d'après la théorie bou-
d'histe.

Ce fut alors seulement que, selon la ver-
sion textuelle, l'inspiré put dire dans son
enthousiasme : — « Oui, j'ai trouvé le vrai
« chemin de la sagesse où l'on marche
« librement dans toute la force de sa
« volonté, la voie du sacrifice des sens, la
« voie infaillible, celle de la bénédiction
« et de la vertu, celle sans tache, sans
« envie, sans ignorance et sans passion ;
« la voie qui nous montre le chemin de la
« délivrance , qui fait que la force de
« l'esprit du mal n'est pas une force , que
« les régions de la transmigration ne sont
« pas des régions, la voie qui surpasse les
« trois personnes de la *Trimourti* (1) , le
« chemin de la science universelle qui
« conduit au souvenir et au jugement, qui
« adoucit la vieillesse et la mort ; voie
« calme et sans trouble , exempte des
« craintes du démon et qui nous transporte
« dans le Nirvâna. — Oui, s'écria-t-il, je
« viens mettre fin à la douleur du monde :

(1) La trinité des Brahmânes, *Brahmâ*, Créateur,
Vichnou, conservateur et *Schiva* destructeur et régé-
nérateur.

« (puis frappant la terre de sa main) que
« cette terre, dit-il, en soit témoin ; elle
« qui est la demeure de toutes les créa-
« tures, qui renferme tout ce qui se meut
« et tout ce qui est fixé ; terre impartiale,
« qui témoignera aussi que je n'ai pas
« menti. »

Sakayamouni avait alors trente-six ans
et c'était en 586 avant Jésus-Christ.

A sa parole simple et puissante , ses
anciens disciples s'étaient ralliés à lui ; ses
prédications lui avaient attiré un grand
nombre d'adeptes ; les malheureux et les
déshérités de la société brahmânique
l'écoutaient avec joie et l'appelaient le
Bienvenu. Partout il inspirait le respect,
la persuasion et les plus vives sympathies.

Il convertit successivement à ses doctrines les plus puissants monarques de
l'Inde. Sa propre tante, à laquelle avait été
confiée sa première enfance, se consacra
à sa foi et vint diriger un monastère de
femmes à Sravasti, devenu la résidence du
Boud'hâ. Ce fut près de ce lieu célèbre qu'il
reçut les trois messagers que le roi son
père lui envoya et qui , séduits par son
éloquence, voulurent rester auprès de lui.

— Enfin le Boud'hâ , dans toute sa gloire,

revit le vieux roi de Kapilavastou qui vint au-devant de lui et embrassa le boud'hisme.

Sakayamouni, le Boud'hâ inspiré, mourut à l'âge de 80 ans, à Radjagrihâ, dans le Magadha.

Après cette digression, nous reprendrons le journal de navigation de notre ami :

31 octobre 1852.
En mer.

« Le cap de Bonne-Espérance n'est pas facile à approcher ; nous recevons bourrasques sur bourrasques avec le plus beau soleil. Le vent dans ses parages varie à chaque instant et fait le tour du compas avec la plus grande rapidité ; en moins de six heures, il passe de l'avant à l'arrière. Un navire est en vue et suit notre route ; on lui fait des signaux avec des pavillons de différentes couleurs. C'est toute une langue et un moyen de converser des plus simples et des plus ingénieux. Chaque pavillon a son numéro d'ordre, et, en les combinant, on obtient des nombres qui correspondent à autant de phrases recueillies dans un petit questionnaire. On amarre à une drisse, à la corne d'artimon, son numéro d'ordre, suivant la question qu'on veut faire. — Ce fut ainsi que nous apprîmes à l'instant que le navire en vue s'appelait *Le Maurice*, venant de l'île de ce nom et allant à Liverpool. Il y a dans le recueil du questionnaire tout ce qui est le plus nécessaire de savoir. »

« Les Damiers commencent à paraître ; ces jolis oiseaux sont toujours une distraction ; qu'ils soient les bien venus, car quoiqu'ils nous présagent des tempêtes, ils nous annoncent aussi les approches du cap de Bonne-Espérance, ce point vers lequel tendent nos désirs de chaque instant. Une fois ce cap doublé, c'est presque la moitié du chemin de fait. Nous avons vu aussi quelques *satanites*, sorte d'hirondelles de mer qui volent sur la lame en ricochant. Les marins ont une superstition : ils croient que la mort d'un de ces oiseaux entraîne la perte du navire. C'est un matelot anglais qui disait cela ; il appelait les satanites *Storni-petrel* et les damiers *Cape-pigeon.*

« Ce matin j'ai vu à très-grande distance une petite hauteur qui paraissait détachée de terre et qui termine le cap des Aiguilles. Maintenant les terres environnantes apparaissent plus nettes quoique plus basses. Toute cette côte me semble bien aride ; ce n'est pas là, à coup sûr, que sont ces magnifiques pâturages qui engraissent les beaux moutons du cap.

« J'ai pris mon meilleur lorgnon pour voir ce cap de Bonne-Espérance, mais il est encore bien loin. Tout ce littoral, de prime abord, n'a rien de bien remarquable et ne donne pas une grande idée de cette importante colonie de l'Afrique australe où s'est posé le lion britannique comme pour inspecter les deux mers. — J'eus beau braquer ma longue-vue sur les différents points de la côte, je ne découvris rien de bien saillant. Mon impatience est excusable après une si longue navigation ; mais enfin voilà la terre devant nous et nous ne pouvons pas tarder d'y arriver.

2 heures du matin. « La brise, excellente hier, a recommencé à varier et à fraîchir. Hier soir, à huit heures, nous étions par le travers de *False-Bay* et nous courons maintenant à l'O. N.-O. ; le vent est tellement violent qu'on est forcé de tout amener. Nous rasons la terre d'assez près et le vent sort avec furie des gorges noires que nous avons en vue. Ce sont des raffales à nous démater et ensuite des accalmies traîtresses. Mais un phare brille devant nous ; c'est celui de la baie de la Table, au fond de laquelle nous nous dirigeons. et c'est là que se trouve la ville du Cap, ce qui nous oblige à louvoyer pour venir au mouillage ; mais la brise est si forte que le capitaine se demande s'il ne ferait pas mieux de laisser porter sur Sainte-Hélène. Les vents sont terribles dans la baie ; souvent les navires sont chassés en dehors avec leurs ancres.

16 novembre 1852.
Au mouillage du Cap.
« Nous venons enfin de mouiller après avoir lutté avec peine contre un vent furieux. On aperçoit à la côte un batiment suédois échoué et dans un état déplorable. Il est là depuis trois jours ; c'était un vieux navire que ses assureurs payeront comme neuf.

« La ville du Cap est bâtie au pied de la montagne de la Table ; à droite se dessinent la tête et la croupe du Lion, à gauche le Diable et un grand roc crénelé. Toutes ces roches sont brunes, de couleurs plus ou moins fauves et d'un aspect étrange, mais imposant.

« Nous descendons à terre avec le fournisseur qui est venu nous offrir ses services. C'est un Hollandais résidant depuis 30 ans dans le pays ; gros homme à l'expression franche et d'une remarquable finesse, nez rouge, quoique il soit de la société de tempérance ; d'une complaisance extrême sans servilité. C'est dans sa nature un bon homme. — Il nous conduit à *Masonic-Hôtel,* maison propre et confortable : notre consommation de pain, dans nos premiers repas, effraye les gens de l'hôtel, qui paraissent redouter la disette. Nous n'y avons passé que deux jours, mais nous nous y sommes rassasiés.

« Les rues du Cap sont larges et macadamisées ; les maisons bien alignées, blanches et peu élevées ; le vent de S.-E. y soulève une telle poussière que les hommes portent un voile attaché à leur chapeau comme les femmes.

« Avant de partir du Cap, une question importante préoccupait déjà les principaux passagers de l'*Arche d'Alliance* : en reprenant la mer, relâcherons-nous à Sainte-Hélène, dans notre navigation ? — Passerons-nous si près de ce coin du monde sans y aborder ? Quant à moi, je veux voir ce tombeau vide, mais toujours rempli d'un immortel renom ; je veux fouler cette île exécrable et fameuse, jeter à l'Angleterre mon imprécation. Aurons-nous visité les autres parties du monde sans mettre au moins le pied sur cette île africaine ? Passer, ne fusse qu'une

heure, sur ce rocher où l'Empereur est venu
mourir... voir cette île à jamais célèbre, est
pour moi un devoir.

« Telles étaient les questions que nous nous
faisions lorsqu'avant de remettre sous voile, le
capitaine s'est expliqué avec nous. Il a parlé de
cette relâche à laquelle il avait d'abord pensé
pour se ravitailler, mais à des prix exorbitants,
tandis qu'au Cap il a pu acheter des vivres excel-
lents et à beaucoup meilleur marché. Il a donc
renoncé à la relâche que nous espérions tous.

« Toutefois, malgré cette déclaration formelle,
nous parvînmes à le faire composer ; nous
revînmes à la charge et tout s'arrangea... à nos
dépens et à son avantage. Il y avait toujours des
accommodements avec le capitaine Cazalis. Il fut
donc convenu de toucher à Sainte-Hélène moyennant une somme que nous lui compterions en
compensation du temps perdu. *Dura lex, sed lex!*
Cette somme eut-elle été beaucoup plus forte que
nous l'aurions payée sans hésiter.

19 novembre 1852.

Départ du Cap.

« Si le cap de Bonne-Espérance a été difficile
à aborder, il l'est encore plus à doubler. Voilà
la mer qui grossit et quelles vagues ! — Cette
mer est creuse, le roulis massacrant et il vente
à écorner un bœuf. Mais enfin nous avançons.
Le vent s'est calmé et nous faisons bonne route ;
dans deux semaines, peut-être moins, nous espé-
rons voir Sainte-Hélène.

« Enfin nous y mouillons : —

Décembre 1852.

Sainte-Hélène.

« Sainte-Hélène est le tombeau de l'honneur
anglais. On trouve dans un album qu'on présente

aux étrangers, des inspirations qui méritent d'être notées ; en voici quelques-unes :

« La honte de l'Angleterre est incrustée en
« traits ineffaçables sur le rocher de Sainte-
« Hélène ; c'est une conscience de granit qui la
« ronge et qui vengera le passé dans l'avenir.

« Sainte-Hélène, avec ses rochers noirs et
« sombres, se tient debout sur le passage des
« nations pour montrer du doigt l'Angleterre. Ce
« n'est pas là un phare qu'on peut abattre ; c'est
« une page du grand livre de l'histoire qu'on ne
« peut non plus déchirer.

« Et les anglais lisent tout cela impassibles ! ! !
— Eh bien, qu'ils lisent aussi ce quatrain que j'ai consigné dans leur album à mon passage dans cette île maudite :

« Quels bourreaux ! quel martyre ! et quel mystère étrange !
J'ai connu Sainte-Hélène et j'ai frémi d'horreur.....
Mais d'autres ont pour vous assez de haine au cœur :
La France vous pardonne et le monde la venge..... »

A. GRASSET.

12 janvier 1853.

En mer.

« Nous avons rencontré à mi-chemin des Açores à la Manche un grand trois-mâts abandonné, errant au hasard et poussé par la lame ; des lambeaux de voiles pendaient à ses vergues ; sa coque était à moitié submergée. Nous n'aperçûmes personne de son malheureux équipage. Un navire ainsi désemparé me fait l'effet d'un grand squelette ; une imagination exaltée aurait pu le prendre au milieu de la brume pour un fantome. » —

« Nous sommes dans la Manche : encore 200 milles seulement ! — Dans nos beaux jours de navigation nous avons fait jusqu'à 222 milles en 24 heures. L'*Arche d'Alliance* marchait bien alors qu'elle sillonnait l'Océanie, mais on dirait maintenant, à mesure qu'elle se rapproche de la terre natale, qu'elle n'avance plus qu'avec regret..... Comme la passion rend injuste ! Nous ne sommes pas pourtant bien à plaindre. Il y a à peine huit jours que nous étions encore aux Açores : c'est vrai ; mais huit jours pour embrasser son père, huit jours pour entendre une voix amie, huit jours pour parler la langue maternelle dans le pays qui vous vit naître, pour jouir des joies du foyer, de la famille, pour aimer, pour sentir toutes ces bonnes et douces choses, huit jours, c'est huit siècles... presque une éternité !

« Ce fut le 19 janvier que nous arrivâmes :

« Je n'oublierai jamais l'impression que j'éprouvai à l'entrée du navire au Hâvre ; notre pavillon flottait à la corne et les trois couleurs semblaient s'étaler avec orgueil. Les maisons, les quais, se dessinaient mieux à mesure que nous avancions et prenaient à chaque instant des formes plus arrêtées. Une foule nombreuse couvrait la jetée. Le retour de l'*Arche d'Alliance* avait fait sensation. Nos cœurs bondissaient de joie ; Mirandot et moi, par un mouvement spontané, nous nous jetâmes dans les bras l'un de l'autre : l'émotion nous suffoquait..... Cette ville où nous allions aborder, c'était une des portes de notre pays, de notre France ; cette foule que nous

voyions était comme notre propre famille ; elle
ne nous était plus étrangère, c'étaient nos amis,
nos compatriotes, il y avait entre nous une sorte
de lien de parenté. Oh ! l'on n'éprouve pas souvent de ces bonheurs-là ! » —

Après cette dernière note, écrite avec le
cœur, sur ses émotions en revoyant sa patrie, Arthur Grasset termine son *Journal*,
quelques jours après son arrivée à Dijon,
par une lettre à un de ses compagnons de
voyage, dans laquelle se réflètent ses sentiments d'affection, pour sa famille, son
humour et tous ses bons instincts naturels.
Je reproduis ici ces quelques lignes tracées
à la hâte et avec le plus naïf abandon :

« Mon bon Ami,

Retour à Dijon.

« Je suis entouré de soins paternels et des plus
« tendres : l'affection que mon père me portait
« semble avoir doublé ; maman est aussi bien
« qu'il est possible de l'être après une aussi forte
« secousse ; ma grand'mère est toujours bonne,
« excellente, d'un esprit charmant et que le
« grand âge n'a pas altéré. Je suis, en un mot,
« au milieu d'une famille qui m'aime, qui ne me
« laisse pas un désir à former.
 « Je n'ai pas besoin de vous dire que ce détail
« de la vie que nous nommons vulgairement la
« bonne chère, d'autres disent la bombance, cette

« chose essentielle, dis-je, dont notre *Arche*
« *d'Alliance* avait su nous déshabituer, est ici
« d'un confortable à souhait pour tout homme
« qui, comme moi, sait distinguer et apprécier
« les mets délicats et se vante même d'être un
« peu opsomane. — Et pourtant, mon très-cher,
« malgré toutes ces satisfactions intimes, je sens
« en moi un grand vide, et pour faire diversion
« à cette vie de chanoine, je vais reprendre mes
« exercices de piano et mes études d'harmonie.

« Il fait à Dijon un temps détestable, froid et
« brumeux, toujours de la pluie comme quand
« nous quittâmes les côtes de la Malaisie pour
« prendre la grande bordée, à notre retour en
« Europe. Je tousse horriblement depuis trois
« jours; maman veut me faire prendre de la
« tisane, mais je suis comme Grégoire, j'aime
« mieux boire... du bourgogne, c'est plus con-
« fortant et moins insipide.

« J'espère que vous allez m'écrire une jolie
« lettre et que vous me parlerez de bien des cho-
« ses qui m'intéressent. Dans cet espoir, je ne
« vous dis pas adieu, mais à bientôt. ». A. G.

ÉPILOGUE

J'ai commencé par un prologue, terminons par un épilogue , afin de compléter cette biographie de l'ami que j'affectionne et que naguère encore , j'ai eu le bonheur de revoir.

On a vu dans mon prologue que j'avais connu Arthur Grasset aux Canaries en 1854 , deux ans environ après son voyage autour du monde. Pendant sa résidence dans l'archipel canarien, il avait parcouru plusieurs îles du groupe , puis était parti pour la Sénégambie et dans l'intention de visiter Gorée , le Sénégal et quelques autres points du littoral africain , toujours entraîné par sa passion de tout voir de tout connaître , et dominé par son amour des sciences naturelles, afin d'augmenter sa belle collection de coquilles et d'autres curiosités.

Nous nous sommes revus deux fois depuis cette première époque , d'abord en 1860 , pendant une de mes vacances , dans une tournée en France. — Notre rencontre , toute fortuite , eut lieu alors en chemin de fer , dans un vagon où il vint s'asseoir à mon côté , à la station de Dijon , en se rendant à Paris. Nous ne nous reconnûmes pas de suite : il n'y avait chez moi rien d'étonnant, après plus de 9 ans que je ne l'avais vu. Il portait moustaches et barbe bien fournie ; mais dès qu'il eut mis ses lunettes , (car il est très-myope) pour ouvrir un livre qu'il tenait à la main , il me jeta un coup-d'œil et me reconnut aussitôt en prononçant mon nom avec un accent de surprise et de joie. Notre trajet jusqu'à Paris ne fut qu'un agréable passe-temps entièrement rempli par une conversation intime. Il revenait depuis peu d'un nouveau voyage en Palestine , avait visité Jérusalem et plusieurs villes de la Syrie, parcouru différentes stations de la Méditerranée orientale , Alexandrie , Smyrne , Constantinople , visité la Grèce , l'Italie et plusieurs contrées d'Europe. — Nous passâmes quelques jours ensemble à Paris, et je me souviens encore d'un fameux déjeûner que nous fîmes dans un des cabinets de Véfour , au Palais Royal , en compagnie d'un professeur , docteur ès-sciences , charmant homme et excellent convive. — Vrai repas de gastronomes et où Grasset se distingua autant par son bon goût, son érudition culinaire , que son esprit , sa bonne humeur et son bon appétit. — Nous lui tînmes tête.

Notre seconde rencontre a eu lieu tout récemment : Grasset avait perdu son père en 1875, et possesseur libre d'une belle fortune, il s'était marié à une femme de son choix. Cette union fait aujourd'hui le charme de son existence et n'a pas peu contribué à lui conserver son caractère franc et jovial , plein d'aménité et de dévouement.

Il y a un peu plus d'un an que, se trouvant aux bains de mer de Biarritz, je reçus de lui une lettre où il me disait : — «... je « ne saurais assez vous exprimer combien « j'ai été touché et je vous suis reconnais-- « sant de la marque de sympathie que vous

« m'avez donnée au sujet de la mort de mon
« père. Je ne vous ai jamais oublié ; mais
« dans la vie assez active que j'ai menée
« depuis quelques années , j'ai eu bien peu
« de temps à moi. Mon voyage aux îles
« Canaries est encore pourtant un de mes
« meilleurs souvenirs. — L'étude des sciences
« naturelles, que je ne faisais qu'effleurer alors,
« est devenue pour moi l'occupation principale
« et la source de vraies jouissances. Mainte-
« nant, en terminant , j'espère mieux qu'une
« correspondance entre nous , et je prends
« l'engagement d'aller *en personne* vous serrer
« la main à Sainte-Croix , vers la fin de l'été
« prochain. Donc, au revoir. »

Le 20 mai 1877 , il m'écrivit en datant
sa lettre d'Alger :

« Votre lettre, après d'aussi nombreuses pé-
« régrinations que celles de la fiancée du roi de
« Garbe (me disait-il), m'est enfin parvenue.
« Combien je vous remercie des sentiments
« affectueux qu'elle contient. Mais ne croyez
« pas que j'aie oublié ma promesse ; malheureu-
« sement ma vie, depuis deux ans, a été si agi-
« tée, j'ai eu à régler des affaires si compliquées
« que j'ai pu à peine me reconnaitre. — Je suis

« maintenant fixé en Algérie, où j'ai installé mes
« pénates pour longtemps, si tant est qu'il y ait
« quelque chose de définitif sur ce globe. —
« Enfin, quoiqu'il en soit, je vais maintenant
« pouvoir songer à l'amitié. Je prends donc,
« cher ami, l'engagement formel d'aller vous
« voir à Ténériffe cette année (1877), dans le
« courant de septembre. Je rentre en France
« dans trois semaines pour terminer quelques
« affaires urgentes et j'y resterai jusqu'à la fin
« d'août, époque fixée pour m'embarquer et me
« diriger sur les Fortunées. Conservez-vous en
« santé et à bientôt. »

Je comptais sur cette bonne promesse et Grasset, auquel j'avais répondu, ne m'écrivit plus
qu'en septembre. Sa lettre était datée de Bois-le
Roi. près de Paris, sa résidence d'été :

« Cette fois, excellent ami, m'annonçait-il, à
« moins d'événements tout à fait imprévus, je
« puis me promettre d'aller vous visiter cette
« année, vous et les vôtres, dans le beau pays
« que vous habitez. Je prendrai, le 23 octobre,
« le bateau à vapeur de Marseille et j'espère
« vous embrasser à la fin du même mois. Si mon
« voyage est retardé ce ne sera pas ma faute,
« mais celle des élections ; je ne puis, dans les

« circonstances actuelles, me désintéresser aux
« choses du pays.

« En attendant la grande joie de vous revoir,
« je vous serre la main dans les deux miennes
« bien cordialement et par anticipation. »

Ce cher ami m'a tenu parole ; il est arrivé aux
Canaries vers le milieu d'octobre de l'année
passée : il s'arrêta d'abord à *Las Palmas* de
Canaria et ensuite à Lancerotte, d'où il m'écrivit une charmante petite lettre pour m'annoncer
sa prochaine apparition à Sainte-Croix :

« .... J'ai voulu, me disait-il, visiter quel-
« ques parties de cette île bouleversée de fond en
« comble par les ravages des volcans ; j'ai gravi
« les pentes escarpées de la montagne *del Fuego*
« jusqu'au cratère ou solfatare qui brûle encore,
« et j'ai fait cette ascension comme à vingt ans.
« Dans quelques jours je serai auprès de vous.
« *Tibi ex imo.* »

En effet, nous nous sommes revus ; ce bonheur, *cette grande joie*, comme il l'avait dit lui
même, était réservé à mes vieux jours. J'ai pu
serrer avec lui sa main dans les deux miennes,
embrasser encore une fois cet ami si sympathique, malgré notre différence d'âge, car j'ai
maintenant plus de 84 ans et Grasset dépasse à

peine la cinquantaine. — Toujours fort et vigoureux, les traits de son visage se sont mieux
accentués ; il porte toujours barbe et moustaches comme la dernière fois que je le vis ; ses
yeux brillent à travers ses lunettes comme deux
flammes. Sa chevelure est restée châtain ; il
porte toujours le même costume qu'il a adopté
il y a plus de vingt ans : veston, pantalon et
gilet du même drap léger et de couleur grise,
chapeau mou à larges bords et souliers à la
Molière.

Cet intrépide touriste, si l'on peut appliquer
ce nom à un voyageur sans prétentions, péré-
grinomane par fantaisie, j'allais presque dire
par instinct, sachant d'avance parfaitement où
il va bien avant d'arriver, fin critique, bon observateur et d'un jugement droit, joignant la
santé d'esprit à la santé du corps, comme
disaient les anciens : *mens sana in corpore
sano*, racontant les choses telles qu'il les a vues
et les appréciant souvent non comme elles sont,
mais comme elles devraient être ; cet ami si
avenant, en un mot, j'ai pu passer quelques
mois avec lui, avoir souvent à ma table ce brillant convive de si bon entrain, ce conteur
agréable, d'une conversation toujours variée

attrayante, enjouée, savante, spirituelle sans jamais ennuyer.

Pendant son dernier séjour à Ténériffe, Grasset a parcouru de nouveau les sites les plus remarquables de l'île ; il a encore exploré ces grands ravins qu'il connaissait déjà, il a revu ces belles forêts vierges dont il ne reste plus que des lambeaux, et il a déploré les ravages que n'a pas su empêcher une administration peu soucieuse de l'avenir, car, tout comme moi, il a pu comparer cette végétation forestière, aujourd'hui en décadence et réduite à quelques vieux arbres décrépits ou à des bois taillis clair-semés, aux frais ombrages sous lesquels nous nous reposâmes ensemble, il y a vingt-quatre ans : et pourtant, à cette époque, ces forêts étaient déjà bien éclaircies. Aussi suis-je entièrement de l'opinion de mon ami que j'ai vu retourner un jour d'une de ses excursions aux bois de *Las Mercedes* tout à fait désenchanté et ne pouvant cacher la triste impression que venait de lui faire l'aspect de ce site jadis si beau, si frais, si ombreux et maintenant presque anéanti. « *Quelques années encore*, me disait-il, *et Ténériffe manquera d'eau pour boire ; La Laguna et Sainte-Croix n'en recevront plus une goutte en été et les pluies d'automne et d'hiver suffiront à peine pour remplir les citernes.* »

Ce fatal pronostic doit malheureusement se réaliser ; le repeuplement des forêts dans ces îles peut seul empêcher ce désastre, et encore ne peut-on guère espérer la réussite de ce repeuplement que dans des espaces, la plupart déjà usurpés par de prétendus propriétaires, et envahis par les cultures, les seuls qui, dans le voisinage des bois, conservent encore assez de terre et d'humus ; car partout ailleurs, une fois la forêt disparue par l'effet des incendies médités ou par des coupes imprudentes, le sol, ravagé par les torrents, n'offre plus que la roche nue et stérile.

Hélas ! Arthur Grasset n'est plus auprès de moi au moment où j'écris ces lignes ; il est retourné à sa belle résidence de Mustapha, aux environs d'Alger. — Il s'embarqua vers la fin de février pour Tanger, sur le vapeur de Marseille qui fait échelle dans les ports du Maroc, et reprit sa route par un autre paquebot français qui sert la ligne des ports algériens. — Impatient de rentrer dans ses foyers, il se fit débarquer à Oran pour prendre de là le chemin de fer qui l'a conduit en dix heures à la capitale de notre

grande colonie africaine. Il y a quelques jours
seulement que j'ai reçu de lui la lettre suivante :

« Mustapha, 18 Février 1878.

« ...... Ne m'accusez pas d'oubli ; je ne
« suis arrivé ici que depuis une semaine et nous
« n'avons pas de courrier tous les jours, quoi-
« que, sans en médire, nous soyons plus favori-
« sés que vous sous ce rapport. — Vous vous
« intéressez si bien à tout ce qui me touche, que
« vous n'apprendrez pas sans plaisir que j'ai
« trouvé ma case et les gens qui l'habitent en
« parfait état et contents de me revoir. — J'ac-
« cusais bien à tort ma chère *Señora* de ne pas
« m'avoir écrit ; la faute en est à l'administra-
« tration de la poste qui a égaré deux de ses
« lettres et trois des miennes. *O España ! Es-*
« *paña !*
« Les douceurs du chez soi ne me font pas
« oublier les Canaries, et si tout se réalise au gré
« de mes désirs, j'irai vous surprendre encore
« dans un an, et ma femme probablement sera
« de la fête. On ne se revoit pas assez dans la
« vie. — Nous avons bu aujourd'hui un verre

« de Ténériffe à votre santé. — Je vous serre
« encore une fois la main bien fort. »

L'espoir de cette dernière visite me fera vivre
un an de plus ; j'ai dit *dernière*, car à mon âge,
il est fort douteux que j'en reçoive beaucoup
d'autres. Mais je m'en console d'avance : j'ai
voulu avant tout faire connaître Grasset ; maintenant je suis satisfait et résigné : *œquo animo*.
à la garde de Dieu !